Terminologie des Taekwondo

ANDREA-MERCEDES RIEGEL

# TERMINOLOGIE DES TAEKWONDO

ÜBERSETZUNG UND ERKLÄRUNG
DER KOREANISCHEN
FACHBEGRIFFE UND TECHNIKEN

VERLAG WERNER KRISTKEITZ

ISBN 978-3-948378-09-7

www.kristkeitz.de

# Inhalt

# Einführung

Nach dem Ende des zweiten Weltkrieges und der japanischen Besatzung war der Wunsch in Korea groß gewesen, sich vom japanischen Joch zu befreien. Teil dieser Befreiung war die Wiederbelebung der während des Krieges für Koreaner verbotenen Kampfkünste. Daher wurde bereits im September 1945 die koreanische Yudo-Association gegründet. Mit der wachsenden Popularität der asiatischen Kampfkünste in Korea sprossen allmählich zwischen 1946 und 1954 verschiedene Schulen der koreanischen Kampfkünste, die «Häuser», aus dem Boden, die jeweils verschiedene Stile vertraten. Bereits Ende der fünfziger Jahre wurde ein ernsthafter Anlauf zur Vereinheitlichung der konkurrierenden Häuser und Stile unternommen. Es ging hier bereits auch um terminologische Fragen wie Kyong-Myong Lee feststellte: «All the Kwans used an art name that was borrowed from either Japanese or Chinese martial arts and because of this, the issue of the revision of the at name was very urgent.»[1] * Die Vereinheitlichung der Stile und Namen wurde auch von der 1959 gegründeten Korean Taekwondo Association (KTA) weiter vorangetrieben. General Choi Hong Hi hatte sich bereits seit 1946 ganz der Entwicklung einer neuen, dem japanischen Karate überlegenen, Kampfkunst verschrieben. Er nutzte in den Folgejahren seinen internationalen Einfluss und gründete 1966 zusammen mit neun weiteren Ländern die International Taekwondo Federation ITF. International erfolgreich, geriet er in seiner Heimat indessen in die Kritik und letztlich ins Abseits aufgrund seiner Kontakte zu Nordkorea und seiner Emigration nach Kanada. Der 6. Präsident des KTA, Kim Un-Yong, der den Aufbau des Hauptquartiers des koreanischen Taekwondo

* Anmerkungen im Anhang des Buchs.

auch auf internationaler Ebene, das Gukgiwon («Kukkiwon»), initiiert und 1972 zum Abschluss gebracht hatte, löste seit 1973 die Verbindung zwischen der Korean Taekwondo Association und der ITF General Choi Hong His; dies als Reaktion auf Chois Affinität zu Nordkorea. Die von Kim gegründete internationale Organisation war die WTF (World Taekwondo Federation), die sich in der westlichen Welt durchsetzen sollte.

Mit der zunehmenden Internationalisierung und der Gründung der WTF 1973 war endgültig eine neue Zeit angebrochen. Korea hatte neue Ansprüche, ein neues Selbstbewusstsein, die neue Organisation des Taekwondo in Korea wollte ein Gegengewicht herstellen zu den alten Formen und Gepflogenheiten der alten Gemeinschaft des ITF. Bereits 1967 hatte die KTA die acht Taegeuk-Formen als ihre offiziellen Schülerformen angenommen. Im Grunde musste alles neu geordnet werden, die Wettkampfregeln ebenso wie die Schüler- und Meisterformen bis hin zu Grundstellungen und technischen Ausführungen. Die Bewegungen der WTF unterscheiden sich daher deutlich von denen des alten ITF-Stils, angefangen bei den Grundstellungen, die im «modernen» Stil praxisnäher und flexibler sein sollten. Man achtete jetzt auf Praxisnähe, praktischen Nutzen und Anwendbarkeit. So gehörte von nun an auch die normale Gehstellung zu den Grundstellungen. Nach und nach, mit der Zusammenfassung der neun Häuser, wurden die Ausführungen der Einzeltechniken vereinheitlicht, Ausholbewegungen und insgesamt die Bewegungsabläufe für Handtechniken neu überdacht, die Ausführungen der Fußtechniken neu definiert. Bis heute ist die Festlegung der Standards im Fluss. Neue technische Standards, eine quasi ganz neue Kampfkunst, brauchte auch einen neuen sprachlichen Ausdruck, eine neue Terminologie. Viele alte sinokoreanische Techniknamen wurden nun durch rein koreanische Namen ersetzt. *Chungdan* «Mittlere Stufe» (hanja[2] 中段 *zhōng duàn*), wurde jetzt zu *momtong*, *sangdan* (hanja 上段 *shàng duàn*), wurde zu *eolgul*, *hadan*, «untere Stufe» (hanja下段 *xià duàn*), zu *arae*, um nur einige wenige Beispiele zu nennen. Hervorstechendes Gegenbeispiel ist der Name der neuen Kampfkunst selbst, Taekwondo, der sich aus drei sinokoreanischen Wörtern zusammensetzt. Allerdings dürfte hier die symbolische Bedeutung der chinesischen Zeichen (跆拳道) von ausschlaggebender Bedeutung gewesen sein.[3]

In der Praxis ergaben sich immer wieder Vermischungen der beiden Terminologiesysteme, ITF und WTF, die Namen der Techniken und Technikverbindungen blieben für den Praktizierenden – vor allem außerhalb des asiatischen Sprachraumes – weiter unklar. Aussprache und Bedeutung der Namen werden bis heute kaum richtig verstanden. Dies liegt teilweise an der Komplexität mancher Namen, zum anderen Teil auch an den unterschiedlichen Umschriftensystemen, die parallel nebeneinander gebraucht werden. Auf der einen Seite steht die traditionelle McCune-Reischauer-Umschrift, auf der anderen die neue revidierte Romanisierung. Zum anderen ist oft nicht klar, wie die Umschriften selbst zu lesen sind; denn diese müssen ja Laute umschreiben, die es ausschließlich in der koreanischen Sprache gibt. Hier besteht ein deutlicher Bedarf an Aufklärung.

Einen ersten Versuch, Grundtechniken und Stellungen übersichtlich darzustellen und in der offiziellen revidierten Romanisierung zu benennen, kann man in dem von der Kulturabteilung der Botschaft der Republik Korea herausgegebenen «Lehrbuch Taekwondo» erkennen. Dort finden sich neben den modernen Namen der Grundtechniken – mit Bildern untermalt – die ersten acht Schülerformen kommentiert dargestellt. Leider ist auch hier nicht klar, wie die Umschrift genau zu lesen ist, Erklärungen zu den Benennungen gibt es ebenfalls nicht. Hier versucht dieses Buch, eine Lücke zu schließen.

## *Zielsetzung und Methode*

Ziel des vorliegenden Werkes ist es, die Welt des modernen WTF-Taekwondo terminologisch zu fassen, die koreanischen Begriffe dieses Systems verständlich zu machen, diese soweit möglich zu analysieren und – im Fall sinokoreanischer Ausdrücke – ihren Ursprung aufzuzeigen. Es werden Termini vorgestellt wie sie im normalen Training sowie in Kampf und Form vorkommen. Die koreanischen Termini sind mitunter recht logisch aufgebaut und aus mehreren sprachlichen Einzelteilen zusammengesetzt. Der Lerneffekt stellt sich beim Praktizierenden umso schneller ein, je besser er nachvollziehen kann, aufgrund welcher Kriterien ein Wort, ein Name, gewählt wurde, was dieser Name also insgesamt bedeutet. Die Techniknamen werden mit Bildern unterlegt. Auf Beschreibungen zur Ausführung wird hingegen bewusst verzichtet, da sich die Ausführungsbestimmungen ja im ständigen Fluss befinden, es nie einen unumstößlichen endgültigen Standard gibt.

Die Termini und Begriffe werden nach Gruppen geordnet, am Beginn stehen die allgemeinen Grundbegriffe inklusive der koreanischen und sinokoreanischen Zahlen eins bis zehn. Auf die allgemeinen Grundbegriffe folgen anatomische Bezeichnungen, da hier bereits einiges zur Klärung der Namensgebungen beigetragen werden kann. Es folgen die Grundstellungen, Hand- und Fußtechniken, Sondertechniken aus den unteren Formen, Spezialtechniken aus den höheren Formen und Kommandos unter Einbeziehung der neuesten Entwicklungen im Bereich des Formenlaufes.

Natürlich darf am Beginn eine kurze Einführung in die Komplexität der koreanischen Sprache und in die Ausspracheregeln sowie die Umschriftensysteme nicht fehlen; denn immer wieder begegnen uns in den Namen kleine Bausteine der koreanischen Grammatik und Syntax.

# 1 Die koreanische Sprache

Die koreanische Sprache ist eine Sprache, die sich schwerlich irgendeiner Sprachgruppe zuordnen lässt. Teilweise wird sie den altaischen Sprachen (Türkisch, Kirgisisch, Mongolisch) zugeordnet, da sie deren Bau ähnelt. Mindestens aber gehört sie – wie die genannten und das Japanische auch – zu den sog. «agglutinierenden» Sprachen (lat. agglutinare: ankleben). Kennzeichen dieser Sprachen ist, dass die Bedeutung eines Wortes innerhalb eines Satzes durch das Anhängen von Affixen (Suffixen) an den Wortstamm deutlich gemacht wird. Es entstehen lange Satzgebilde mit Verflechtungen, deren Auflösung sich erst am Ende des Satzes ergibt. Wenn das Koreanische am ehesten noch dem Japanischen ähnelt, muss man es in seiner besonderen Grammatik allerdings doch als isoliert stehend sehen.

Bis zum Ende des 14. Jahrhunderts wurden alle Texte des Koreanischen in chinesischen Kanji (Schriftzeichen) geschrieben. Erst im 15. Jahrhundert ließ König Sejong der Große (reg. 1418–1450) eine eigene einfache koreanische Schrift für alle ausarbeiten. Es entstand ein Alphabet, das alle Laute der koreanischen Sprache und alle Lehnwörter aus dem Chinesischen sowie die Laute anderer Fremdsprachen wiedergeben konnte. Das Ergebnis der Entwicklungsarbeiten ist das sog. Hangeul mit 14 Konsonanten und 10 Vokalen, die stets zu Silbenblöcken zusammengefasst werden.

Das Besondere des Hangeul ist die Vielzahl onomatopoetischer Laute, die Wiedergabe von Lauten aus der Natur und dem Tierreich. Erwähnenswert ist auch, dass die Schrift, mit der König Sejong erlassen hatte, dass eine neue Schrift entwickelt und gelehrt werden sollte, von der UNESCO in die Liste des Welt-Dokumentenerbes aufgenommen wurde.

## 1.1 Kurze koreanische Sprachlehre

Das koreanische Alphabet besteht aus 19 Basiskonsonanten und 21 Vokalen. Dies klingt vorerst viel und kompliziert, ist aber vergleichsweise unspektakulär.

Die Basiskonsonanten bestehen zunächst aus den weichen Konsonanten

g n d l m b s j ng
ㄱ ㄴ ㄷ ㄹ ㅁ ㅂ ㅅ ㅈ ㅇ

und den harten aspirierten Konsonanten

k t p ch h
ㅋ ㅌ ㅍ ㅊ ㅎ

sowie den Doppelkonsonanten

gg dd bb ss jj
ㄲ ㄸ ㅃ ㅆ ㅉ .

Die Vokale sind nach einem Baukastensystem aufgebaut und lassen sich in drei Gruppen einteilen:

Die «horizontalen» Vokale haben als Basis das eu 으, ein Laut ähnlich dem e in engl. «the».

오 우 o u
요 유 yo yu

Beim Vokal o ragt die vertikale Linie nach oben, bei u nach unten.

«Vertikale» Vokale haben als Basis das i 이:

아 어 애 에 a eo ae e
야 여 얘 예 ya yeo yae ye

Die letzte Gruppe besteht aus kombinierten horizontalen und vertikalen Vokalen:

으 외 와 왜 eu oe wa wae
위 워 웨 wi wo we.

Steht ein Vokal für sich allein oder am Beginn eines Wortes oder einer Silbe, so benötigt er einen sog. «Vokalträger», der als kleiner Kreis ㅇ dargestellt wird. Geschrieben werden Wörter nicht in fortlaufender Aneinanderreihung von Buchstaben, sondern es werden Vokale und Konsonanten zu Silben zusammengefügt. Das Besondere ist, dass mehrere Konsonanten nebeneinanderstehen können, was sich wieder auf die Aussprache auswirkt (s.u.) und die koreanische Sprache für uns hart erscheinen lässt.

## *Die Sprache*

Korea ist traditionell konfuzianisch geprägt. Zum Konfuzianismus gehören Hierarchie und strenge Beziehungsregeln sowie die Einhaltung bestimmter – höflicher – Verhaltensweisen. Dieser von Regeln geprägten Lebensweise begegnet jeder, der neu in ein traditionell geführtes Dojang kommt: Der obligatorische Gruß der koreanischen Nationalfahne, der obligatorische Gruß der Ranghöheren, die Aufstellung nach Graduierung, der Gehorsam gegenüber Ranghöheren, der respektvolle Umgang der Ranghöheren mit den niedriger Graduierten etc. Das Leben und die koreanische Mentalität spiegeln sich aber auch in der koreanischen Sprache selbst. Ihre Grammatik und Syntax sind komplex, die Hierarchie begegnet dem Fremden in unterschiedlichen Formen. So unterscheidet die gesprochene Sprache fünf verschiedene hierarchische «Sprechstufen», von der ganz einfachen ersten bis hin zur höflichsten, der fünften Sprechstufe, in der Fremde und höher Gestellte angesprochen werden. Weiter gibt es Honorativformen für Verben sowie Honorativsuffixe wie z.B. -nim, das gebraucht wird, wenn man jemanden ansprechen oder über jemanden sprechen will.

Die koreanische Grammatik bringt mit Endungspartikeln (Suffixen) neun verschiedene Fälle zum Ausdruck. Das Deutsche hingegen unterscheidet lediglich vier Fälle.

Um sich Fremden oder Höhergestellten gegenüber höflich genug auszudrücken, ist es angezeigt, bei Verben zwischen Verbstamm und Endung ein si 시 einzufügen:
*hada* 하다 (tun) – ha 하=Verbstamm, da 다= Infinitivendung
höfliche Form: *hasida* 하시다
*kada* 가다 (gehen)
höfliche Form: *kasida* 가시다.
Eine andere Möglichkeit, sich besonders höflich auszudrücken, ist die Wahl alternativer höflicher Wortformen, z.B.
*saram* (Mensch), höflich: *bun* 분.
Wenn man jemanden ansprechen oder über jemanden sprechen möchte, ist das Honorativsuffix -nim 님anzuhängen (s. o.).
Beispiele:
*seonsaeng* 선 생 (Herr), in der Ansprache *seonsaengnim* 선생님
*sabeom* 사범 (Meister), in der Ansprache *sabeomnim* 사범님.

Der Ausdruck der Höflichkeit beschränkt sich nicht auf Endungen oder das Einfügen einzelner Silben, sondern man unterscheidet im Sprechen – wie erwähnt – tatsächlich, mit wem man es zu tun hat. Hierfür gibt es die fünf verschiedenen Sprechstufen. Die Stufen 1, 2 und 3 gelten im Gegensatz zu den Stufen 4 und 5 als nicht höflich, eher als familiär oder burschikos.

Stufe 1 wird angewendet im Umgang mit Kindern, Untergebenen oder familiär. Sie ist mit der sog. «Konverbalform» (s. u.) und in Frage und Aussage mit der Imperativform (Befehlsform) identisch.

Stufe 2 und 3 werden ebenfalls im Umgang mit Kindern angewendet und zwanglos mit vertrauten Personen und unter Freunden. In der zweiten Sprechstufe wird in der Aussageform an den Verbstamm nur -nda -ㄴ다 angehängt.

Stufe 4 gilt schon als höflich und korrekt unter Gleichgestellten, auch freundlich (herablassend) zu Untergebenen. Hier wird an die «Konverbalform» die Silbe -yo 요 angehängt.

Stufe 5 ist die höflichste Stufe und wird im Umgang mit Fremden gewählt. Hier folgt in der Aussageform nach Vokal an den Verbstamm -mnida - ㅂ 니 다, nach Konsonant -sseumnida 씁니다.

## *Die Konverbalform*

Die Konverbalform ist eine erweiterte Verbalbasis. Sie ist Anschlussbasis für die Bildung zusammengesetzter Verben und die Bildung der Vergangenheitsform sowie selbstständig Prädikatsform für untergeordnete Nebensätze oder Schlussform des Hauptprädikates.
에 e oder 어 eo oder 아 a: nach a 아, eo 어 oder o 오 im Verbstamm
z.B. *meogda* 먹다 (essen): *meog-eo* 먹어
*idda* 있다 (da sein): *iss-a* 있아.

## *Die Fälle (Deklination)*

Auch die verschiedenen Fälle des Koreanischen sollen kurz angesprochen werden, da sie uns wie die Konverbalform in der Terminologie des Taekwondo begegnen können.

| *Fallendung* | *nach Vokal* | *nach Konsonant* |
|---|---|---|
| Nominativ («Wer?») | ka 가 | i 이 |
| Satzthema («Was ... betrifft») | neun 는 | eun 은 |
| Akkusativ («Wen oder was?») | reul 를 | eul 을 |
| Dativ («Wem?») | ege 에게 | ege 에게 |
| Genitiv («Wessen?») | wi 의 | wi 의 |

| | | |
|---|---|---|
| Lokativ Ablativ («Wo, woher?») | e, eseo 에 에서 | e, eseo 에 에서 |
| Instrumental («Wodurch?») | ro 로 | euro 으로 |
| Komitativ («Mit wem?») | oa 와 | goa 과 |
| Ablativ («Wohin?»), Entfernung | ro 로 | euro 으로 |

### 1.2 Ausspracheregeln und Umschriftsysteme

Das erste offizielle Umschriftensystem des koreanischen Hangeul wurde von den beiden Amerikanern George M. McCune und Edwin O. Reischauer 1937 entwickelt.[4] Sie verzichteten auf die originalgetreue Transliteration der Hangeul-Zeichen und orientierten sich vielmehr an einer phonetischen Wiedergabe koreanischer Wörter unter Berücksichtigung des englischsprachigen Lesers. Das System kennt – ähnlich wie das alte Wade-Giles-System im Chinesischen – das Apostroph für aspirierte Konsonanten. Zudem benutzt es diakritische Zeichen wie das ˇ für offene Laute (offenes o und u) oder Diphthonge. 1988 wurde eine leicht veränderte McCune-Reischauer Umschrift vom koreanischen Erziehungsministerium zur offiziellen Umschrift erhoben. Im Jahr 2000 erhob das südkoreanische Kultus- und Fremdenverkehrsministerium die «revidierte Romanisierung» zur offiziellen Umschrift, die von der Nationalen Akademie der koreanischen Sprache entwickelt worden war. Die Notwendigkeit einer Revidierung ergab sich durch die mangelnde Stringenz der McCune-Reischauer, bei der gleiche Wörter teilweise unterschiedlich umschrieben wurden sowie die wenig praktischen Apostrophe und diakritischen Zeichen. Die Lösung des Problems offener Vokale lag bei der revidierten Romanisierung in der Voranstellung eines e vor dem entsprechenden Vokal (u 우 – eu 으, o 오 - eo 어 ). Die Wörter werden hier stets gleich umschrieben. Aspirierte

Laute werden mit k, t, ch, p umschrieben, nicht aspirierte mit g, d, j, b.

*Die wichtigsten Umschriften im Überblick*

Vokale

| 아 | 어 | 오 | 우 | 으 | 이 | 애 | 에 | 오ㅔ | 위 |
|---|---|---|---|---|---|---|---|---|---|
| a | eo | o | u | eu | i | ae | e | oe | wi |

Diphthonge

| 야 | 여 | 요 | 유 | 얘 | 예 | 와 | 왜 | 워 | 웨 | 의 |
|---|---|---|---|---|---|---|---|---|---|---|
| ya | yeo | yo | yu | yae | ye | wa | wae | wo | we | ui |

Konsonanten

ㄱㅋ ㄲ ㅌ ㄸ ㄷ ㅍ ㅃ ㅂ ㅈ ㅉ ㅊ ㅅ ㅆ ㅎ ㄴ ㅁ ㅇ ㄹ

g/k kk t tt d/t p pp b/p j jj ch s ss h n m ng r/l

*Einige Ausspracheregeln*

K, c, p wird als g, d, b transkribiert, wenn ein Vokal folgt, als k, t, p, wenn ein Konsonant folgt oder am Wortende.
ㄹ wird als r transkribiert, wenn ein Vokal folgt, als l, wenn ein Konsonant folgt oder am Wortende. ㄹ ㄹ wird zu ll wie in *kalla jyeo da* 갈라 져다 auseinandergehen, *kallyeo*! («auseinander!«).
Beim Aufeinandertreffen bestimmter Konsonanten kann sich die Aussprache ändern. Beispiele sind:
rr ㄹㄹ: gesprochen ll
b ㅂ plus l ㄹ: gesprochen mn
b ㅂ, p ㅍ plus m ㅁ: gesprochen nm, wie in *yeop-makgi* 옆막기 → *yeonmakgi*
n ㄴ plus r ㄹ: gesprochen nn oder ll, wie in 신 라 *Silla* (statt *Sin-la*)
g ㄱ plus m ㅁ: gesprochen ng

ng ㅇ plus r ㄹ: gesprochen ngn
d ㄷ oder t ㅌ vor i 이: gesprochen j bzw. ch, wie in 가티 *kachi* (zusammen)

Merke: Die Aussprache dominiert die Umschrift. Es ist grundsätzlich nicht möglich, von der Romanisierung eindeutig auf die Schreibweise im Hangeul zu schließen. Sollte dies aber erwünscht sein, wird tatsächlich strikt nach Umschrift transkribiert ohne Rücksicht auf die Aussprache.

# 2 Terminologie des modernen Taekwondo

Die Einzeltermini des Taekwondo sind – wie in der Einleitung bereits erwähnt – in der Regel durchaus logisch aufgebaut und bestehen meist aus mehreren Angaben. Das macht die Aussage und Bedeutung des Terminus klar, kann aber auf der anderen Seite zu einer beträchtlichen Länge eines Terminus führen. Oftmals finden sich neben der Angabe, ob es sich um Angriff oder Abwehr handelt, die folgenden Teilaspekte genannt:
Abwehrendes/angreifendes Körperteil (Hand, Faust, Handkante, Handinnenkante, Fuß)
Art der Technik (Schlag, Stoß, Tritt, Abwehr)
Angriffs- oder Abwehrstufe (oben, Mitte, unten)
Angriffsziel (Hals, Gesicht, Körper)
Angriffs- oder Abwehrrichtung (seitwärts, nach außen, nach innen, nach oben, nach unten)

Der Höflichkeitsaspekt begegnet dem Praktizierenden vor allem in den Begrüßungsritualen und -floskeln. Höflichkeitspartikeln sind hier Pflicht. Aber auch das harte martialische Element des Taekwondo ist überall präsent. Zu dieser sprachlichen Härte trägt die häufig gebrauchte Imperativform von Verben (Verbstamm oder Konverbalform) bei. Gerade im Bereich der Kommandos finden sich auch Elemente aus dem Bereich der Militärsprache. So entsteht ein Mix aus Respektsbezeigungen und Härte.

## 2.1 Allgemeine Grundbegriffe

Zu den allgemeinen Grundbegriffen gehört das, was nicht spezifisch ist für Form, Kampf oder Kommandos. Es gehören dazu die allgemeine Grundausstattung wie Trainingshalle oder Trainingsbekleidung, die beiden Grundfarben der Schutzwesten blau und rot, die ihr Vorbild in der koreanischen Flagge haben, und die unterschiedlichen Disziplinen, die zum Taekwondo gehören. Daneben gehören hierher die beiden Zahlensysteme, rein koreanisch und sinokoreanisch; denn das Zählen zumindest von eins bis zehn ist von grundlegender Bedeutung für jedes Training, Grundschule, Form oder Kampf. Das normale fortschreitende Durchzählen erfolgt in rein koreanischen Zahlen, das Zählen unter Bezugnahme auf etwas oder Zeitangaben (Datum, Monat) erfolgen sinokoreanisch.

*Koreanische Zahlen 1–10*

| | | |
|---|---|---|
| 1 | Hana | 하나 |
| 2 | Dul | 둘 |
| 3 | Set | 셋 |
| 4 | Net | 넷 |
| 5 | Daseot | 다섯 |
| 6 | Yeoseot | 여섯 |
| 7 | Ilgob | 일곱 |
| 8 | Yeodeol | 여덜 |
| 9 | Ahob | 아홉 |
| 10 | Yeol | 열 |

## *Sinokoreanische Zahlen 1–10*

| | | |
|---|---|---|
| 1 | Il | 일 |
| 2 | Yi | 이 |
| 3 | Sam | 삼 |
| 4 | Sa | 사 |
| 5 | O | 오 |
| 6 | Yuk | 육 |
| 7 | Chil | 칠 |
| 8 | Pal | 팔 |
| 9 | Gu | 구 |
| 10 | Sip | 십 |

Cheong 청 Blau (hanja 青 *qīng*). *Cheong saek* 청 색 blaue Farbe, *saek* 색 Farbe (hanja 色 *sè*).

Dan 단 Meistergrad (hanja 段 *duàn*, Klasse, Rang).

Ddi 띠 Gürtel (hanja 蒂 *dì*).

Deukjeom 득 점 Pluspunkt (im Kampf). *Deuk* 득 Vorteil, Gewinn, *jeom* 점 Punkt.

Do 도 Weg (hanja 道 *dào*, Weg).

Dobok 도복 Trainingskleidung (hanja 道服 *dàofú*).

Dojang 도장 Trainingsstätte (hanja 道场 *dàochǎng*).

Gamjeom 감 점 *gam* 감 abziehen, Substraktion (hanja 减 *jiǎn*). *Jeom* 점 Punkt.

Geup 급 Schülergrad (hanja 级 *jí*, Klasse, Rang, Stufe, Ordnung).

Hoejeon 회전 (Kampf-)Runde. *Hoejeon* hat zwei Bedeutungen: 1. Umlauf, Rotation (hanja 回转 *huí zhuǎn*, 2. Schlacht, Zusammentreffen; als Verb *hoejeon hada* 회 전 하다, sich eine Schlacht liefern, zusammenstoßen (hanja 会 战 *huì zhàn*, sich treffen zum Kämpfen). *Il, i, sam hoejeon*: Runde 1, 2, 3. Anmerkung: Die Kampfrunden werden in sinokoreanischen Zahlen gezählt.

Hong 홍 Rot (hanja 红 *hóng*).
Kihap 키합 Kampfschrei (hanja 氣合 *qìhé*).
Kwon 권 Faustschlag (hanja 拳 *quán*, geballte Faust, boxen).
Oreun 오른 rechts.
Pyojeok 표적 «Ziel»; Bezeichnung für das Kickpolster.
Seung 승 Sieg (hanja 勝 *shèng*).
Tae 태 Fußtritt (hanja 跆 *tái*, das Auftreten mit dem Fuß).
Taegukgi 태국기 Landesflagge oder «Flagge des großen Ureinen». *Gukgi* 국기 Flagge (hanja 国旗 *guóqí*). Im Namen versteckt sich «Taegeuk» 태극, das «Große Ur-Eine» (hanja 太极 *tàijí*, der Ursprung von Yin und Yang).
Wen 왼 links.

### *Disziplinen*

Dubeon kyeorugi 두번켜루기 Zweischrittkampf. *Du* 두 zwei; abgeleitet von *dul* 둘; *beon* 번 Mal.
Gibon dongjak 기본 동작: *Gibon*, grundlegend, Basis (hanja 基本 *jīběn). Dongjak* 동작 Bewegung (hanja 动作 *dòngzuò*). Grundschul-Basisübungen mit aufsteigendem Schwierigkeitsgrad; entweder zehn festgelegte Abläufe oder allgemeine Bezeichnung für «Grundschulübung».
Hanbeon kyeorugi 한번켜루기 Einschrittkampf.[7] *Han* 한 eins, abgeleitet von *hana* 하나, *beon* 번 Mal, *kyeorugi* 켜루기 Kampf.
Hosinsul 호신술(Kunst der) Selbstverteidigung. *Hosin* 호신 Schutz des Körpers, Selbstschutz (hanja 护身 *hù shēn*, den Körper beschützen), *Sul* 술 Kunst, Technik (hanja 术 *shù*).
Kyeokpa 격파 Bruchtest (hanja 击破 *jīpò*, Zerstörung, Zerschlagung, Zerschmetterung). Als Verb *kyeokpa hada* 격파하다 zerschlagen.
Kyeorugi 켜루기 Wettkampf, das Wettkämpfen. Als Verb *kyeoruda* 켜루다, wetteifern, sich messen, konkurrieren,

Substantivierung mit *-gi* 기 (Verbalnomen), das Wettkämpfen; *kyeo-rum* 겨룸 Wettkampf.

PALGE 팔게 «Acht Trigramme» (hanja 八卦 *bāguà*). *Pal* 팔 acht (hanja 八 *bā*), *ge* 게 Trigramme (hanja 卦 *guà*). Namensgeber für die 8 Palge-Formen.

PUMSAE[5] 품새 Form (hanja 品勢 *pǐnshì*). *Pum* 품: unvollständiges Substantiv, an ein Verb gekoppelt steht es für eine Bewegung oder Ausführung. *Sae* 새 Stil, Form, Erscheinung. Anmerkung: *Pum* steht für das statische Moment einer Bewegung, *sae* für das dynamische.

SEBEON KYEORUGI 세번겨루기 Dreischrittkampf. *Se* 세, abgekürzt von *sed* 셋 drei, *beon* 번 Mal.

TAEGEUK: Die Formen des Großen Ur-Einen, 1 bis 8. Taegeuk, «das große Ur-Eine» (hanja 太极 *tàijí*, Ursprung von Yin und Yang). Anmerkung: Sie folgen der Zahlenfolge der Trigramme in der «Karte der Vorwelt» (Hetu), welche die Wanderung des «großen Ur-Einen» Taegeuk in dieser Karte auf dem Weg zur Nachwelt (Luoshu) aufzeigt.[6]

### *Richtungen*

AN 안 Das Innere, Innenseite. *An-euro* 안으로 nach innen, inwendig; 으 *eu* ist euphonisch eingeschoben, 로 *ro*: Ablativ, auf die Richtung verweisend.

AP 앞 Vorn, auch Zukunft. *Ap-e seo*[8] (Lokativ) 앞에서 vorn.

BAKKAT 바깥: *Bakk* Außenseite, *bakk-eu-ro* 밖으로 nach außen 로; *ro*: Ablativ, auf die Richtung verweisend, *eu* 으 ist euphonisch eingeschoben (*ro* 로 nach Konsonant).

DWI 뒤 Hinten, Rücken, Hinterseite.

YEOP 옆 Seitlich.

### *Körper / Angriffshöhen*

Eolgul 얼굴 Gesicht.
Mok 목 Hals.
Mom, momtong 몸, 몸통: *mom* 몸 Rumpf, Körper; *momtong* 몸통 Körper, Statur.
Arae 아래 Der untere Teil.

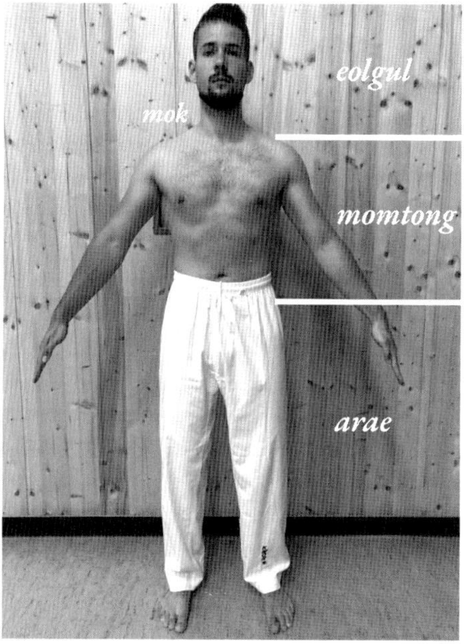


### *Obere Extremitäten*

Jumeok 주먹 Faust.

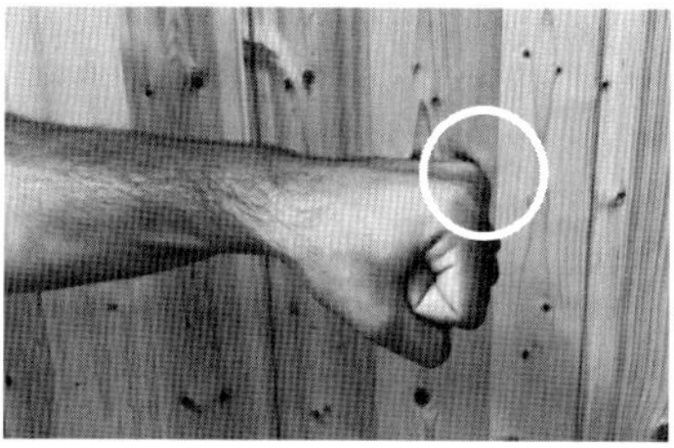

Deungjumeok 등주먹 Faustrücken. *Deung* 등 Rückseite; *jumeok* 주먹 Faust.

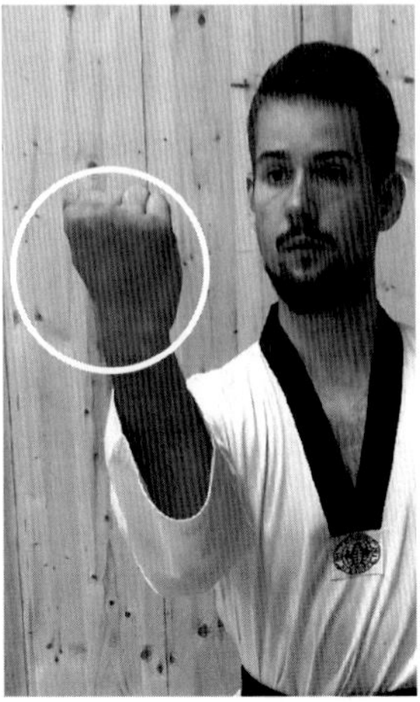

Mejumeok 메주먹 Hammerfaust. *Me* 메 hölzener Hammer; *jumeok* 주먹 Faust.

Bamjumeok 밤조먹 Knöchelfaust; synonym zu *Soseum jumeok*. *Bam* 밤 Kastanie; *jumeok* 조먹 Faust.

Pyeonjumeok 편 주 먹 Flachfaust mit nebeneinander aufgereihten Fingerknöcheln. *Pyeon* 편 zusammenstellen, Zusammenstellung (hanja 编 *biān*); *jumeok* 주 먹 Faust.

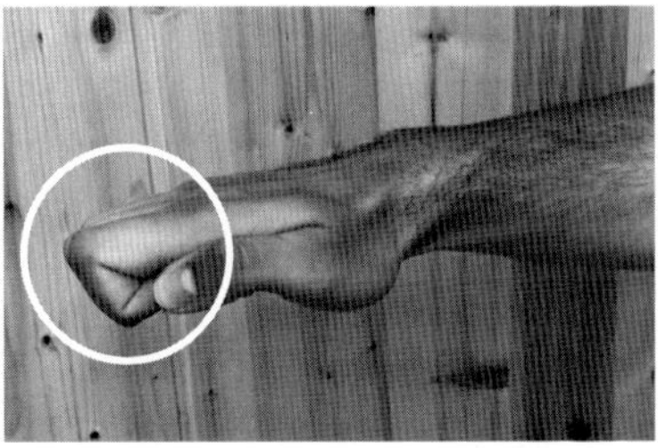

Palgup 팔굽 Ellbogen.

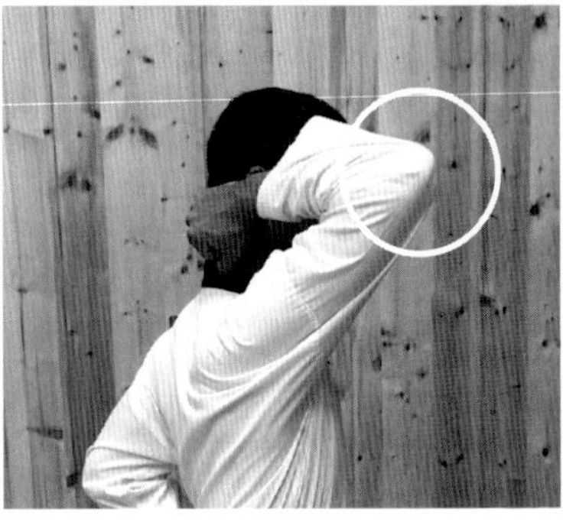

Palmok 팔목: *an-palmok* (innerer Unterarm [Abb. u. li.]), *an* 안 innen; *bakkat-palmok* (äußerer Unterarm [Abb. u. re.]): *bakkat* 바깥 außen, von außen.

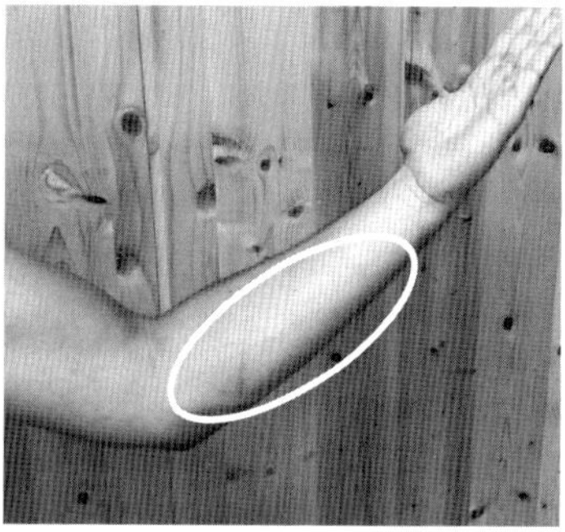

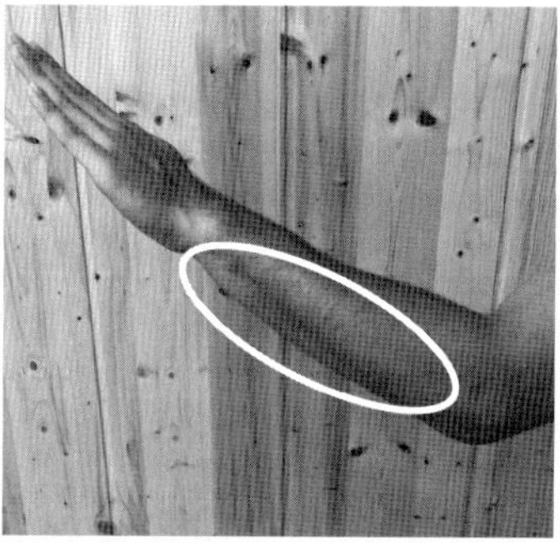

Son 손 Hand.

Batangson 바탕손 Handwurzel. *Batang* 바탕 Grund, *son* 손 Hand.

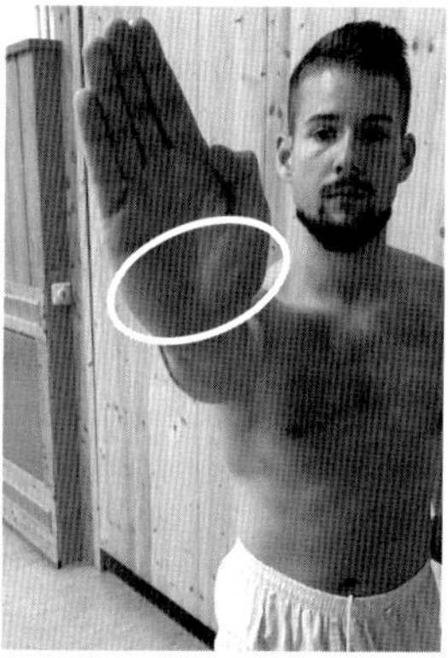

Sonbadak 손바닥 Handfläche. *Son* 손 Hand; *badak* 바닥 Boden, Sohle.

Sonnal 손날 Handkante. *Son* 손 Hand; *nal* 날 Messer, Messerkante.

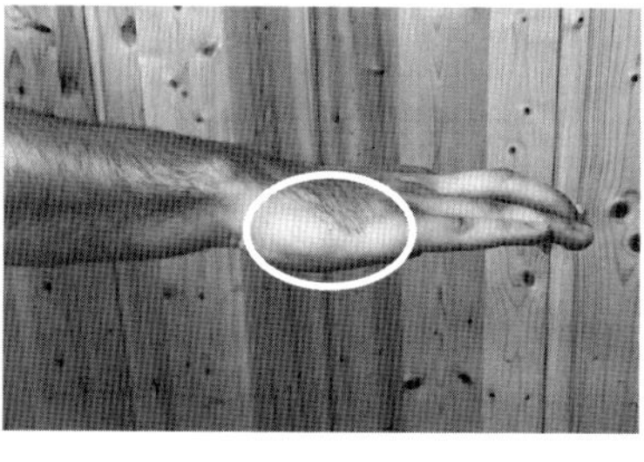

Sonnaldeung 손 날 등 Handinnenkante. *Sonnal* 손 날 Handkante, *deung* 등 Rücken.

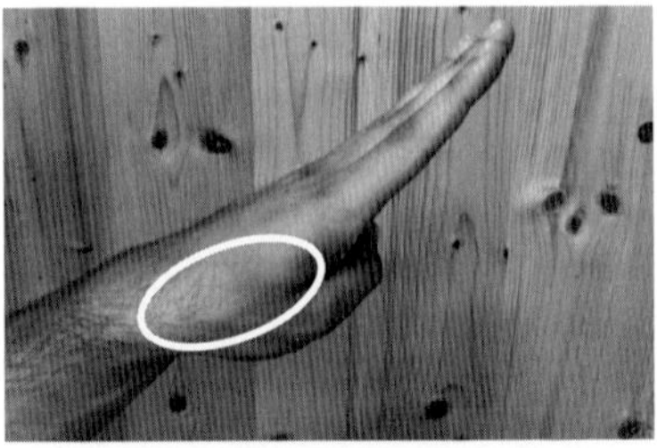

Pyeonsonggeut 편손끝: *pyeon* 편 zusammenstellen, Zusammenstellung (hanja 编 *biān*); *ggeut* 끝 Spitze, Ende, als Verb *ggeutnada* 끝나다 enden, beenden; *songgeut* 손끝 Fingerspitze.

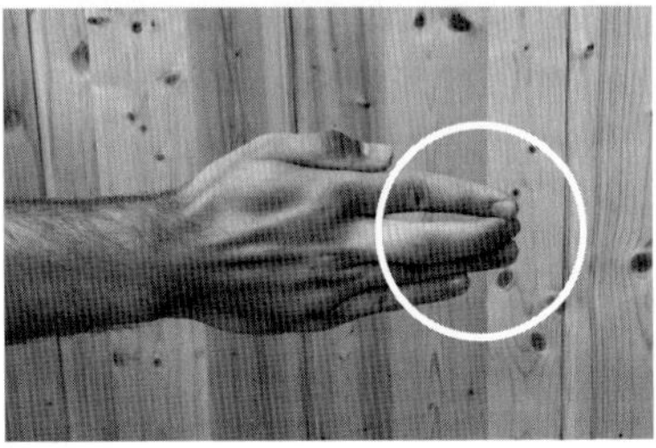

*Untere Extremitäten*

Bal 발 Fuß.

Balbadak 발바닥 Fußsohle. *Bal* 발 Fuß; *badak* 바닥 Sohle, Boden.

Baldeung 발등 Fußrist. *Bal* 발 Fuß; *deung* 등 Rückseite.

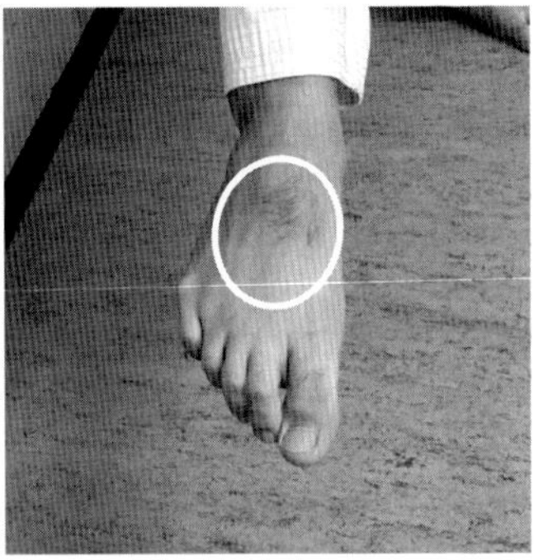

Balnal 발날 Fußkante. *Bal* 발 Fuß; *nal* 날 Schneide, Klinge.

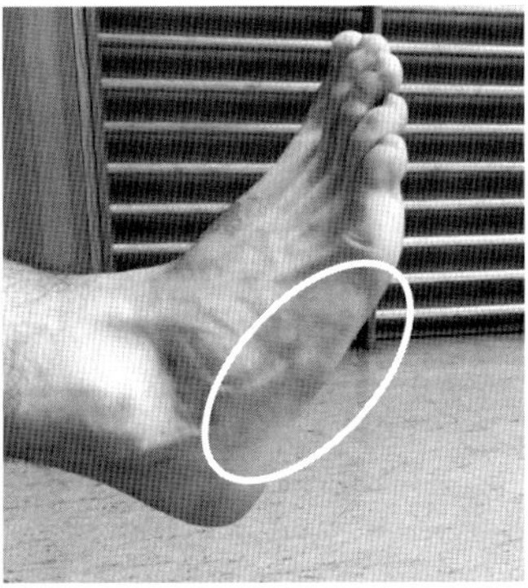

Apchuk 앞 축 Fußballen. *Ap* 앞 vorn; *chuk* 축 Schaft, Achse.

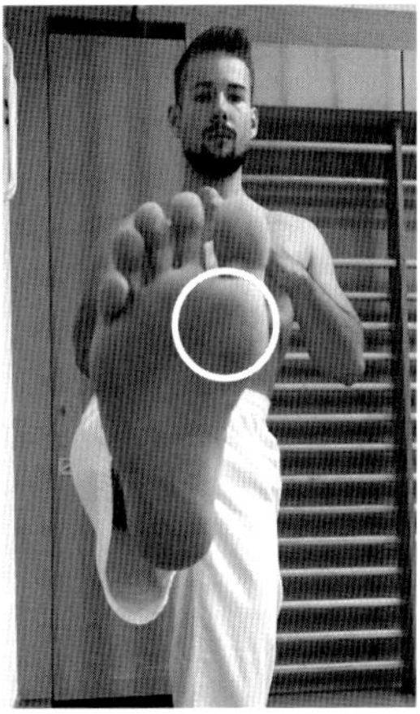

Dwitchuk 뒷 축 Ferse, Hacke.

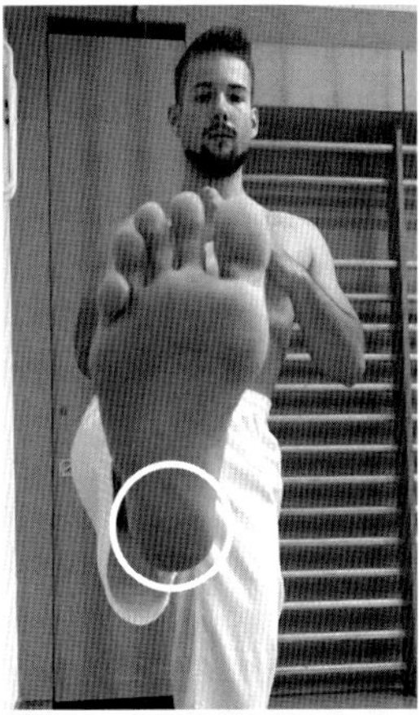

Mureup 무릎 Knie.

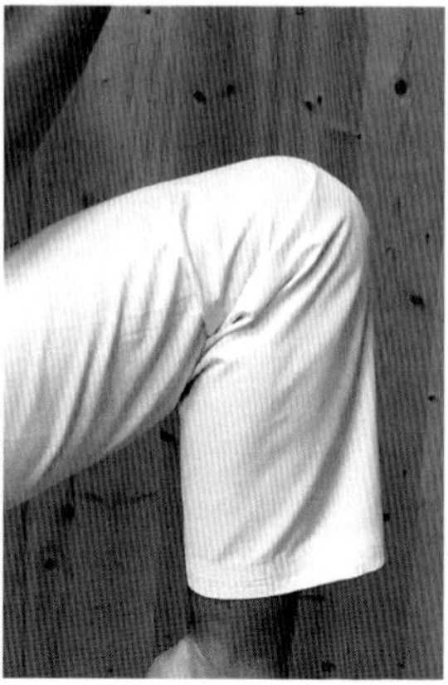

Seogi 서기 Stellung, Stand; *Seoda* 서다 stehen, substantiviert mit *-gi* 기.

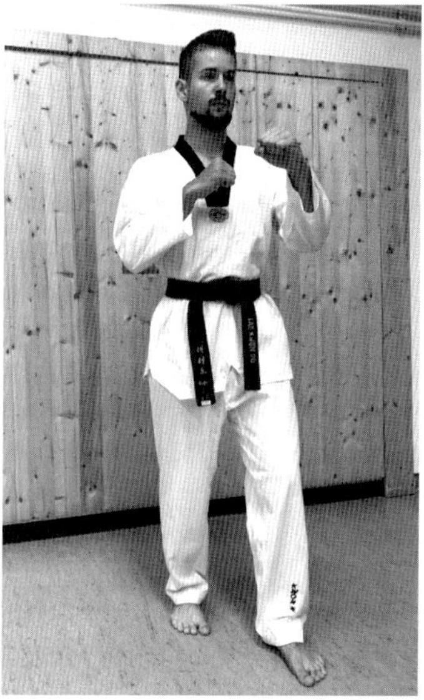

Ap seogi 앞서기 Gehstellung; (kurze) Vorwärtsstellung. *Ap* 앞 vorn, vorwärts; *seogi* 서기 Stellung, Stand. Auch: Apseoda 앞 서 다 nach vorn gehen, vorangehen, Substantivierung mit -*gi* 기, «das Vorangehen». Anmerkung: Der Name «Apseogi» betont damit die kurze Vorwärtsstellung als Vorgang des Voranschreitens, weniger die statische Stellung.

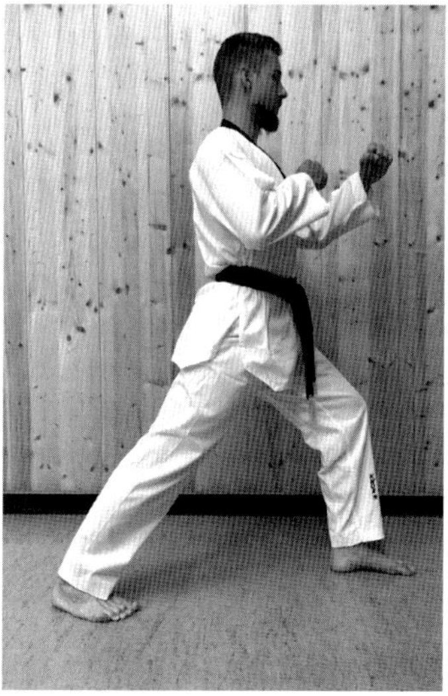

Apgubi seogi 앞굽이서기 lange Vorwärtsstellung. *Ap* 앞 vorn; *gubi* 굽이 Rundung, Biegung; *seogi* 서기 Stellung, Stand.

Beom seogi 범서기 Tigerstellung. *Beom* 범 Tiger; *seogi* 서기 Stellung, Stand.

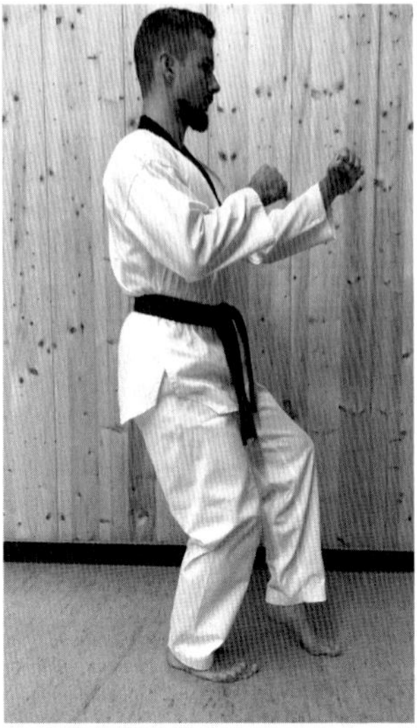

Dwitgubi seogi 뒷굽이 서기 Rückwärtsstellung. *Dwit* 뒷 hinten, rück-; *gubi* 굽이 Biegung, Rundung; *seogi* 서기 Stellung, Stand.

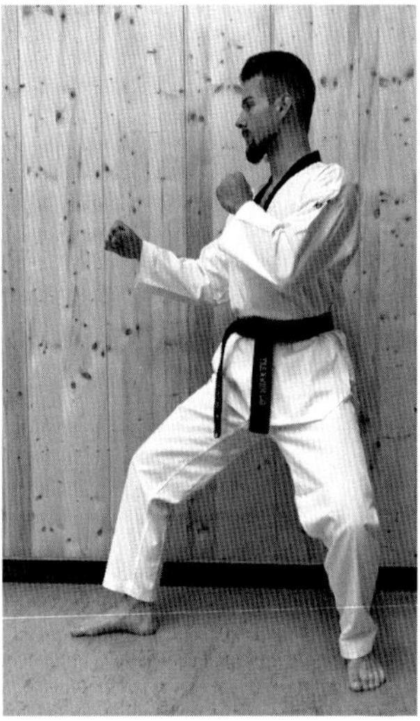

Ggoa seogi 꼬아서기 Überkreuzstellung der Füße, Kreuzschritt. *Ggoa* 꼬아, als Verb *ggoda* 꼬다 drehen, verflechten, übereinanderschlagen (Konverbalform); *seogi* 서기 Stellung.

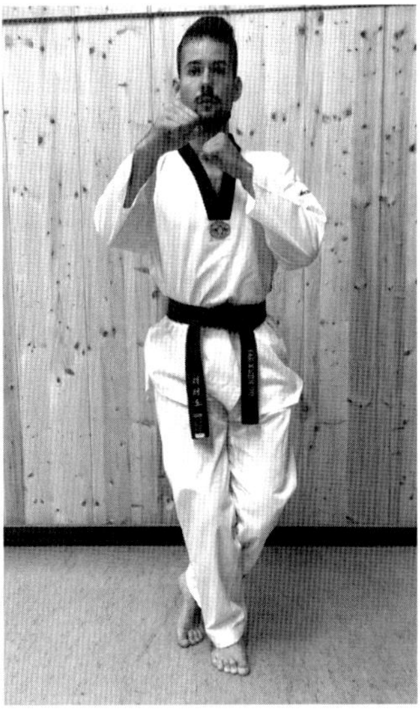

Anmerkung: *Ggoa seogi* ist eine Übergangsstellung zwischen zwei Bewegungen. Ein Fuß steht mit der ganzen Fläche auf dem Boden, ein Fuß über Kreuz nur mit dem Fußballen. Sobald der Fuß, der über Kreuz gesetzt wird, auftritt und das Körpergewicht übernimmt, hebt sich der andere an zum Stand auf dem Fußballen.

*Apggoa seogi*: Kreuzschritt vorn [Abb. o.].

Anmerkung: Aus *juchum-seogi* setzt ein Fuß vorn über den anderen, die Ferse des anderen hebt ab.

*Dwitggoa seogi*: Kreuzschritt hinten.

Anmerkung: Es gibt zwei Varianten. Aus *juchum seogi* wird ein Fuß hinten über Kreuz gesetzt und auf dem Fußballen abgesetzt, das Gewicht bleibt auf dem vorderen Fuß; nach einem Schritt oder Sprung nach vorn wird das hintere Bein nach dem Aufsetzen des vorderen Beines nachgezogen und direkt hinter der Ferse des vorderen Beines abgesetzt, sodass ein Kreuz entsteht zwischen vorderem und hinterem Bein. Durch die feste Berührung zwischen beiden Füßen wird der Schwung des Landebeines abgebremst, was der Stellung Stabilität verleiht.

Gyeotdari seogi 곁다리 서기 Stellung eng zusammengefügter Beine (→ Hansu). *Gyeotda* 곁다 (Verbstamm) zusammenfügen; *gyeot* 곁 Seite, anliegend; *gyeot-e* 곁에 oder *gyeot-eo* 곁어 nah; *dari* 다리 Bein; *seogi* 서기 Stellung, Stand.

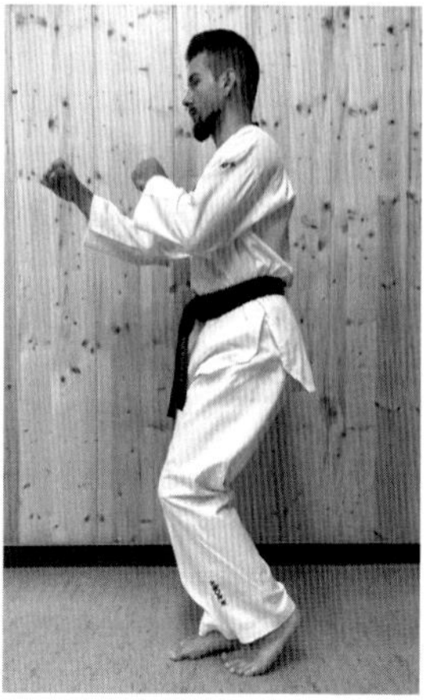

Hagdari seogi 학다리 서기 Kranich(bein)stellung. *Hak* 학 Kranich (hanja 鶴 *hè*, Emblem der Langlebigkeit); *dari* 다리 Bein.
Anmerkung: Das Standbein ist gebeugt wie bei *jucheum seogi*, das andere wird hochgezogen, wobei die innere Fußkante unterhalb des Knies des Standbeins leicht angelegt wird. Der Einbeinstand ähnelt dem der Kraniche.

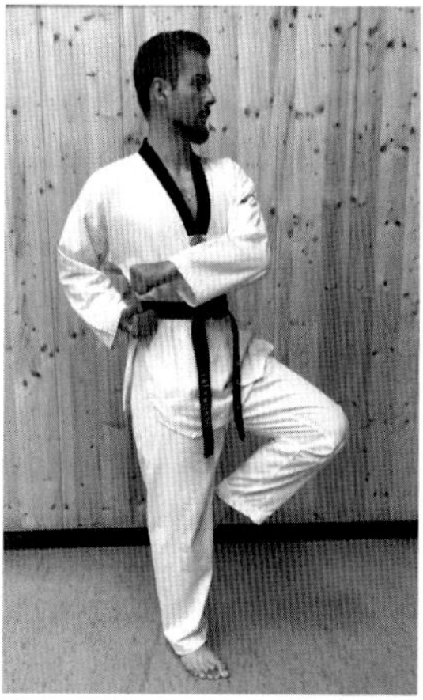

Juchum seogi 주춤 서기 Reiterstellung.
Anmerkung: *Juchum* bezeichnet im Taekwondo die körperliche Grundhaltung, bei der man das Knie leicht nach vorn beugt, bevor man in einer spezifischen Stellung den Gegner angreift. Die deutsche Übersetzung «Reiter-

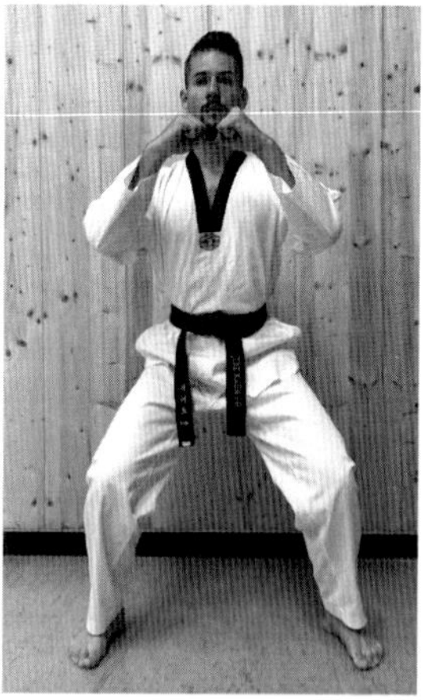

stellung» wird gewählt aufgrund der Ähnlichkeit der Stellung zum Reitersitz. Allgemein ist *juchum* ein mimetisches Wort für eine körperliche Bewegung, die man macht, wenn man zögert oder überrascht ist. Man stoppt abrupt eine Bewegung, wenn man einen Schreck bekommt. *Juchum* beschreibt diese Bewegung. *Juchum juchum hada* 주춤주춤하다 bedeutet, dass man momentan keine spontane Entscheidung treffen kann.

Jumi seogi (Junbi seogi) 준비서기 Vorbereitungsstellung (die Fußstellung entspricht *Naranhi seogi*). *Junbi hada* 준비하다 vorbereiten.

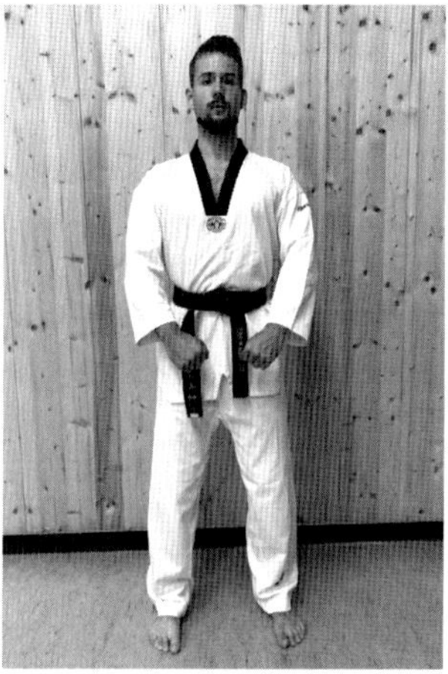

Moa seogi 모아서기 Geschlossene Beinstellung. *Moda* 모다, *mo-euda* 모으다 sammeln, versammeln, konzentrieren (Konverbalform). Der Name deutet an, dass die geschlossene Beinstellung eine Stellung besonderer Konzentration von Kraft und Geist ist. Dies zeigt sich etwa in der Ausgangsstellung für die Pumsae-Formen 12, 15 und 16 mit übereinandergelegten Händen (→ Gyeopson).

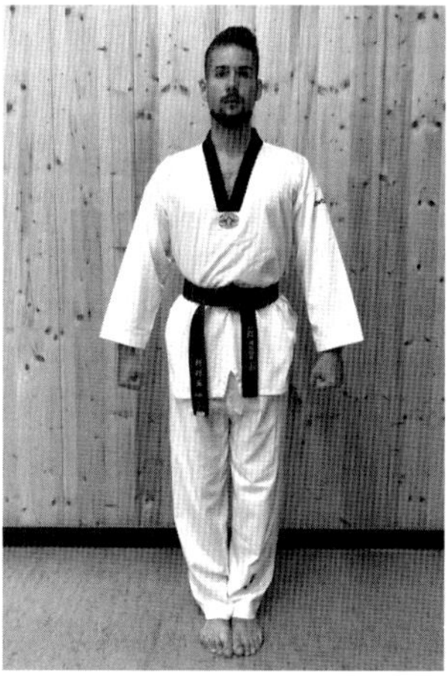

Naranhi seogi 나 란 히 서 기 geöffnete parallele Beinstellung. *Naranhi* 나 란 히 nebeneinander, in einer Reihe; *seogi* 서 기 Stellung, Stand. *Naranhi* deutet an, dass die Füße parallel nebeneinanderstehen.

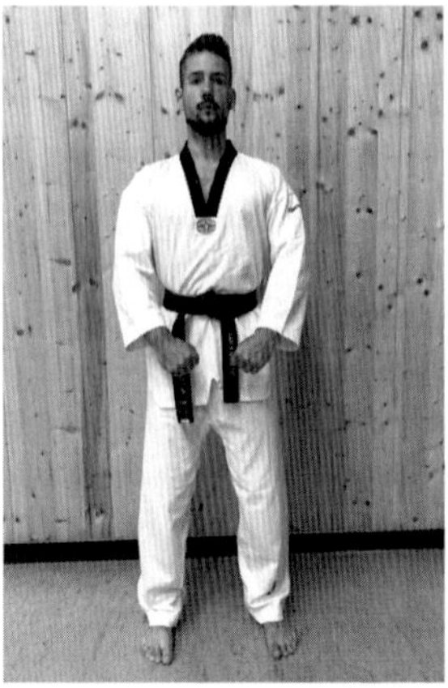

Ogeum seogi 오금 서기 Gebeugte Einbeinstellung mit angelegtem Fuß in der Kniekehle. *Ogeum* 오금 Innenkante des Knies oder Ellbogens; als Verb *ogeud hada* 오큳하다 ein bisschen gekrümmt sein. Stellung aus → Ilyo: Der Fußrist des einen Beines liegt in der leicht gebeugten Kniekehle des Standbeins.

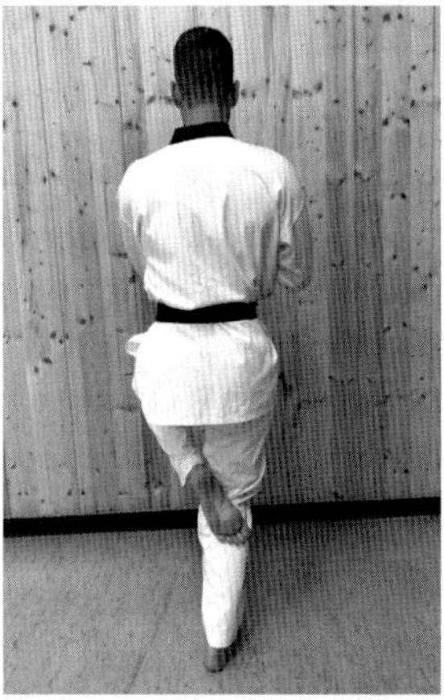

Pyeonhi seogi 편히서기 Behagliche, ungezwungene Stellung (hanja 便 *biàn*). Das Adjektiv zum Verb *pyeonhada* 편 하 다 ist *pyeonhan* 편 한 behaglich, gelassen bequem, das Adverb dazu ist *pyeonhi*; *seogi* 서기 Stellung, Stand.

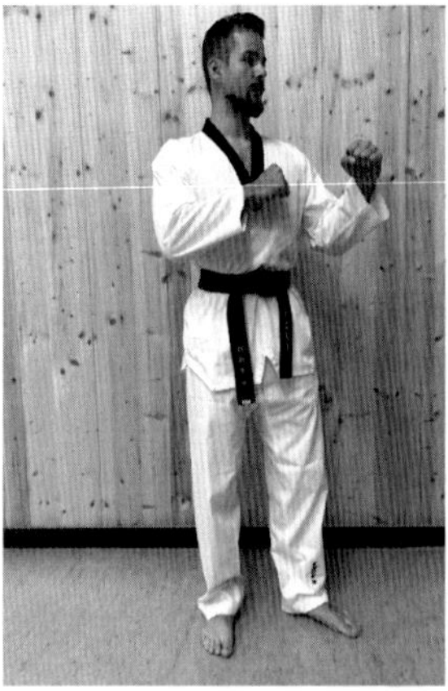

## 2.4 Handtechniken Angriff

### *Fauststoß – jireugi* 지르기

JIREUGI 지르기 Stoß. *Jireuda* 지르다 stoßen, substantiviert mit *-gi* 기 (Verbalnomen).

MOMTONG JIREUGI 몸통 지르 기 Fauststoß zum Körper.

*Momtong bandae jireugi* [Abb. re.]: *bandae* 반대 Gegenteil, Umkehr, umgekehrt, entgegengesetzt (Arm und Fuß gleichseitig);

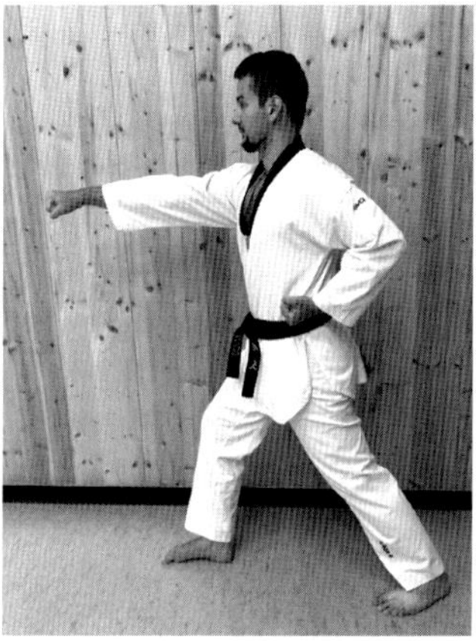

*momtong baro jireugi*: *baro* 바 로 richtig, korrekt (Arm und Fuß sind gegengleich);

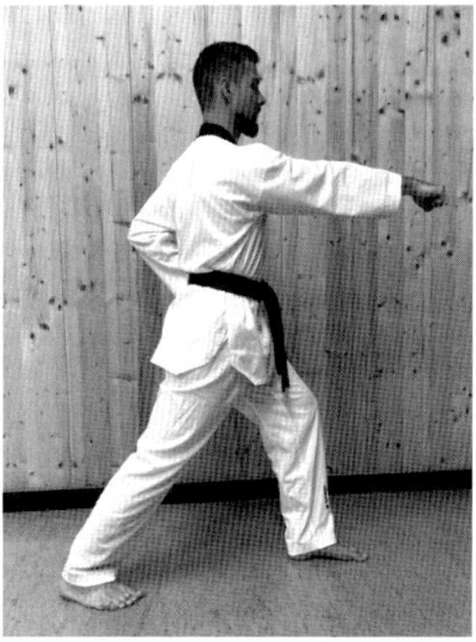

*momtong yeop jireugi*: Fauststoß zur Seite (aus Stellung *dwitgubi* [Abb. u. li.] oder *juchum seogi* [Abb. u. re.]);

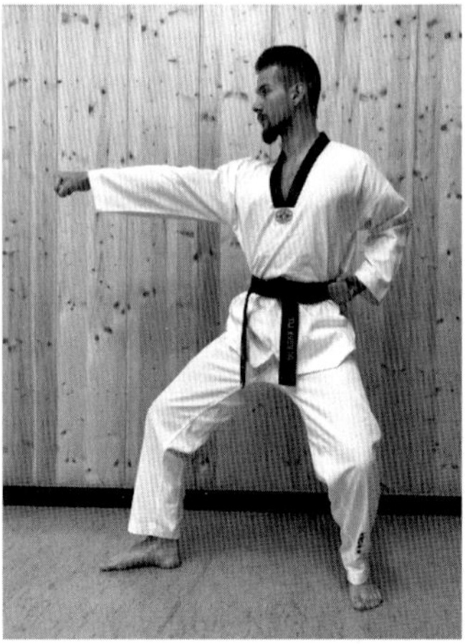

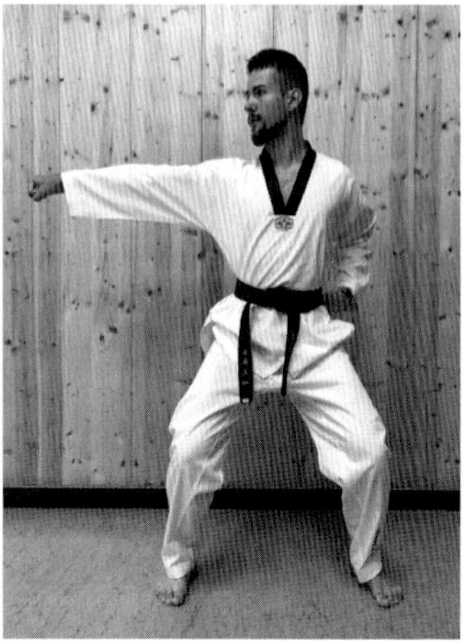

*eolgul jireugi*: Fauststoß zum Gesicht.

CHEDDARI JIREUGI 쳇다리 지르기 Siebrahmen-Fauststoß.

*Ched* 쳇 : Abkürzung von *chedbagwi* 쳇바귀 Siebrahmen; *dari* 다리 Bein; *jireugi* 지르기 Fauststoß.

Anmerkung: Das Bild der Doppelfauststoß-Technik erinnert an die Beine eines Siebrahmens. Die Fäuste sind versetzt.

Beim *cheddari jireugi* aus der *apgubi*-Stellung sind sie nur leicht versetzt, wobei die Faust auf der Seite, auf der das Bein vorn steht, wenige Zentimeter weiter vorn sein sollte als die andere. Die hintere Faust endet etwa auf Höhe des Handgelenks der vorderen.

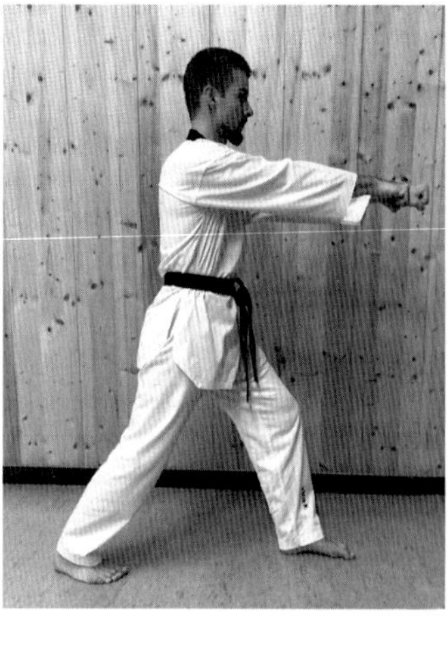

Aus der *dwitgubi*-Stellung heraus sind beide Fäuste deutlich versetzt, der Körper ist in die Richtung gedreht, auf der das Bein von steht (ca. 45°). Die hintere Faust endet auf Höhe des vorderen Oberarms.

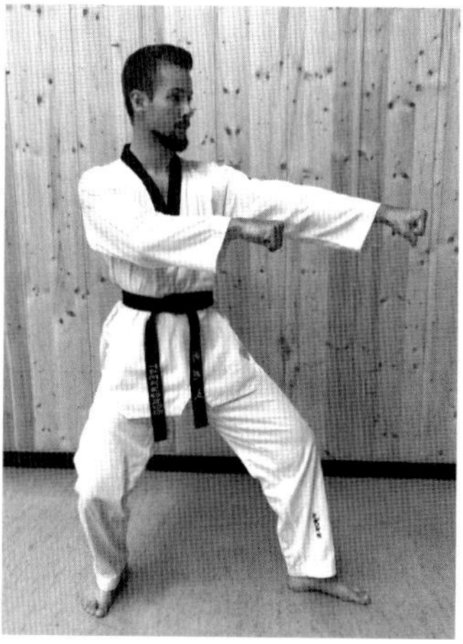

DUJUMEOK JEOCHYEO JIREUGI 두주먹 젖어 지르기 Doppelfauststoß zur Leber. *Dujumeok jireugi* 두 주 먹 지르기 Stoß mit zwei Fäusten gleichzeitig; *du* 두 zwei; *jireugi* 지 르 기 Stoß; *jeochida* 젖히다 zurückwerfen, in die Höhe richten.

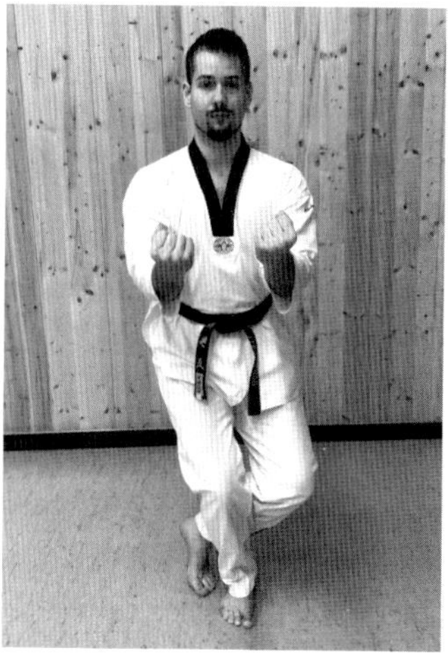

Anmerkung: Die Fäuste werden zum Stoß umgedreht, mit der offenen Seite nach oben gerichtet ins Ziel geführt.

Chigi 치기 Schlag. *Chida* 치다 schlagen; substantiviert mit -gi 기 (Verbalnomen).

Batangson teok chigi 바탕손턱 치기 Schlag zum Kinn mit dem Handballen (→ Geumgang Pumsae). *Batangson* 바탕손 Handwurzel; *teok* 턱 Kinn; *chigi* 치기 Schlag.

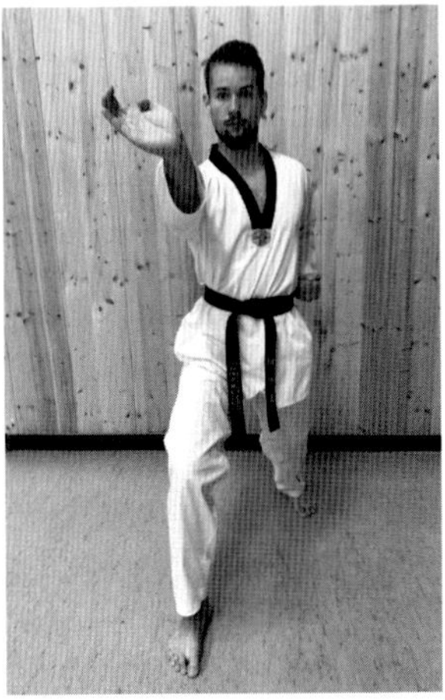

Dangyeo teokchigi 당겨 턱 치기 Schlag zum Kinn mit Heranziehen (→ Taegeuk 8, Taebaek). *Dangkida* 당키다 an sich ziehen, heranziehen, zupfen (Konverbalform); *teok* 턱 Kinn; *chigi* 치기 Schlag.

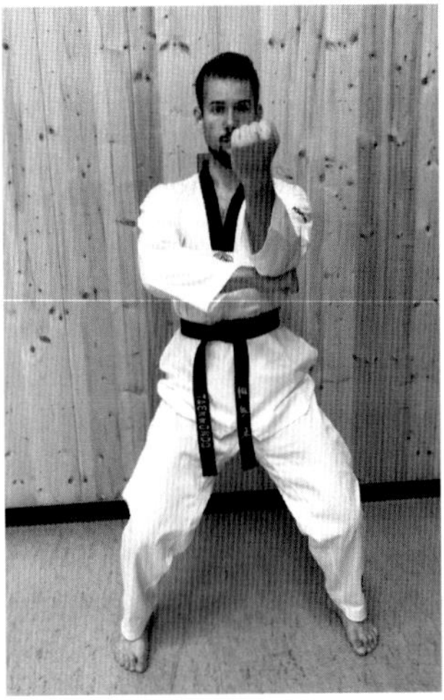

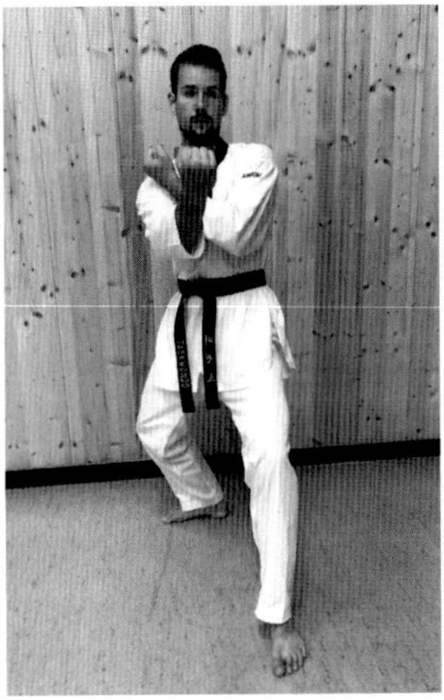

DEUNGJUMEOK EOLGUL AP(E) CHIGI 등주먹 얼굴 앞(에)치기 Faustrückenschlag zum Gesicht (→ Taeguk 4, 5). *Deung jumeok* 등 주먹 Faustrücken; *eolgul* 얼굴 Gesicht; *ap* 앞 vorn; e 에 Lokativsuffix, kann auch euphonisch eingeschoben werden; *chigi* 치기 Schlag.

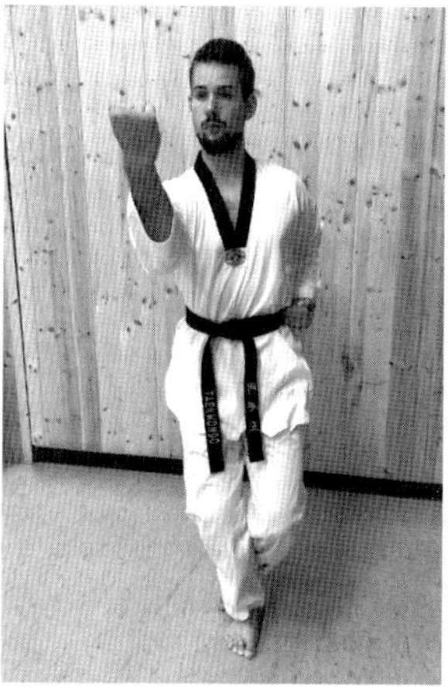

DEUNG JUMEOK EOLGUL BAKKAT CHIGI 얼굴 바깥 치기: *eolgul* 얼굴 Gesicht; *bakkat* 바깥 außen.
Anmerkung: aus Stellung *apgubi seogi* oder *dwitgubi seogi*.

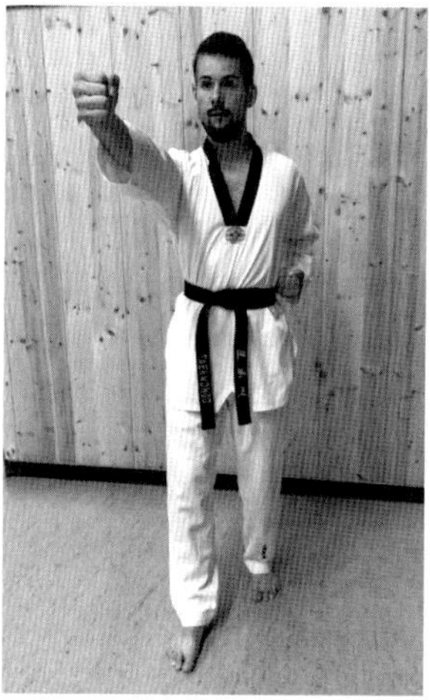

JEBIPUM (SONNAL)MOK CHIGI 제비품손날 목 치기 Handkantenschlag zum Hals in Schwalbenform. *Jebi* 제 비 Mauer- oder Turmschwalbe; *pum* 품 Form, Figur, Gestalt → *jebipum*, «Schwalbenform»; *sonnal* 손 날 Handkante; *mok* 목 Hals; *chigi* 치기 Schlag.

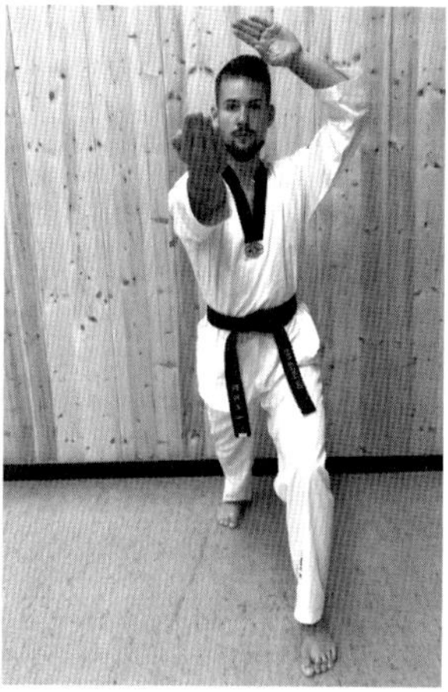

Meonge chigi 멍에 치기 «Befreiungsschlag aus dem Joch». *Meonge* 멍에 Joch; *chigi* 치기 Schlag.

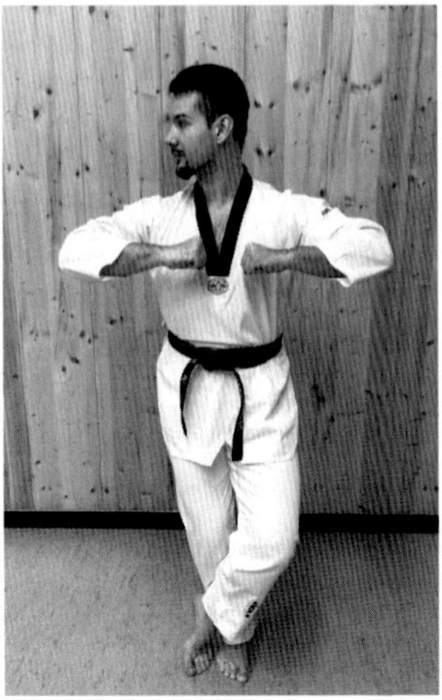

Palgup chigi 팔굽 치기 Ellbogenschlag. *Palgup* 팔굽 Ellbogen; *chigi* 치기 Schlag.

Palgup dollyeo chigi 팔굽 돌려 치기 Ellbogenschlag im Halbkreis zum Kinn (→ Taegeuk 5). *Palgup* 팔굽 Ellbogen; *dollyeo* 돌려, als Verb 돌리다, umkehren, umdrehen (Konverbalform); *chigi* 치기 Schlag.

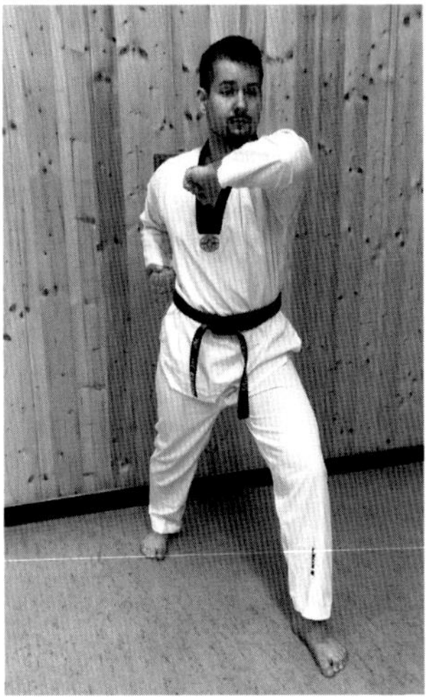

Palgup ollyeo chigi 팔굽 올려 치기 Ellbogenschlag v. unten n. oben (Pyeongwon). Als Verb *ollida* 올리다 aufsteigen, erheben (Konverbalform); ähnlich *ollakada* 올라가다, hinaufsteigen, hochgehen; *chigi* 치기 Schlag.

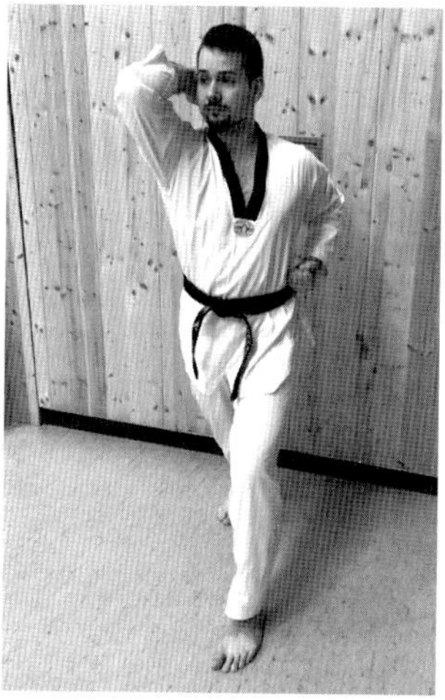

Palgup yeop chigi 팔굽옆치기 Seitlicher Ellenbogenschlag. *Yeop* 옆 seitlich; *chigi* 치 기 Schlag.

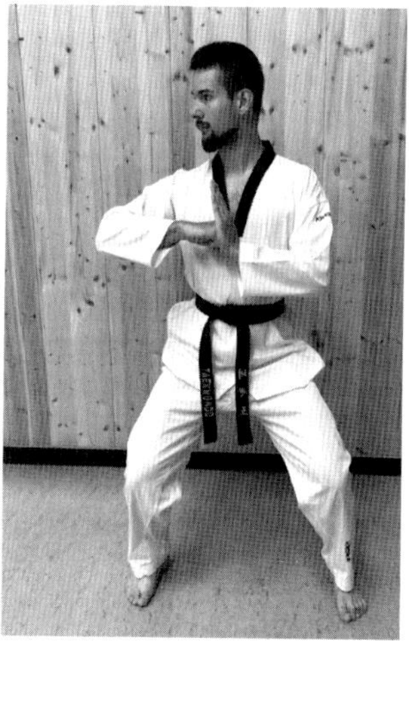

Palgup pyojeok chigi 팔굽 표적 치기 «Ellbogenschlag zum Ziel». *Pyojeok* 표적 (hanja 标的 *biāodí*) Ziel; *chigi* 치기 Schlag.

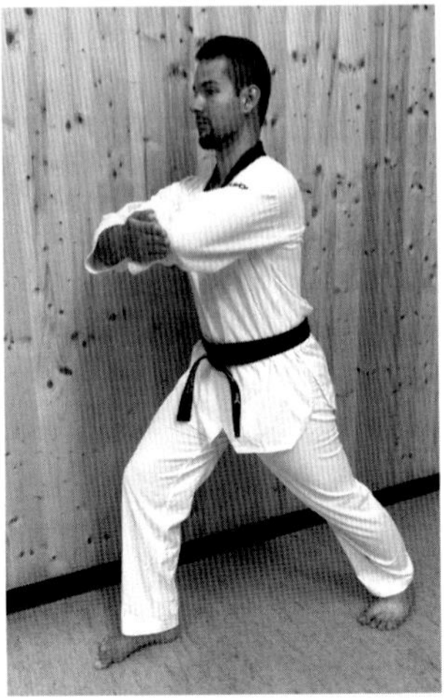

Sonnal chigi 손날 치기 Handkantenschlag. *Sonnal* 손날 Handkante, «Schneide der Hand»; *chigi* 치기 Schlag.

Sonnal bakkat chigi 손날 바깥치기 Handkantenschlag nach außen in Vorwärtsstellung. *Sonnal* 손날 Handkante; *bakkat* 바깥 außen; *chigi* 치기 Schlag.

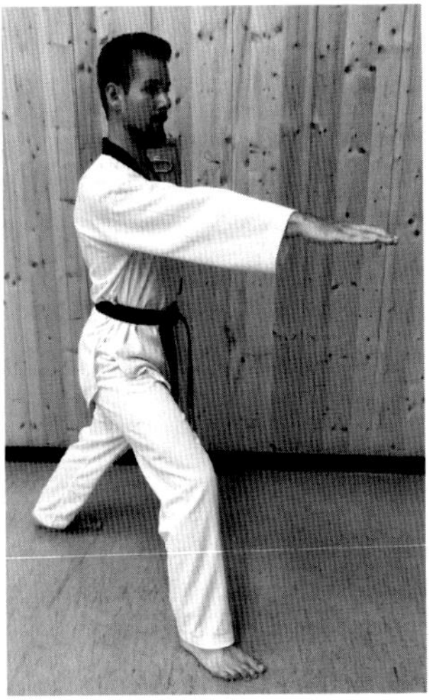

SONNALDEUNG CHIGI 손날등 치기 Schlag mit der Handinnenkante. *Sonnal* 손날 Handkante; *deung* 등 Rücken, Rückseite; *chigi* 치기 Schlag.

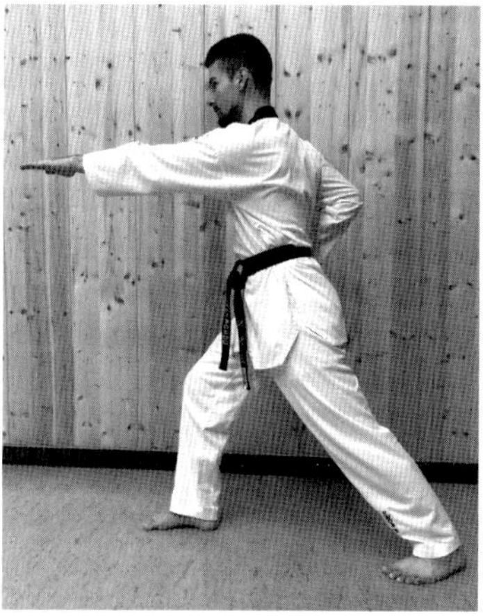

SONNAL MOK CHIGI 손날 목 치기 Handkantenschlag zum Hals. *Sonnal* 손날 Handkante; *mok* 목 Hals; *chigi* 치기 Schlag.

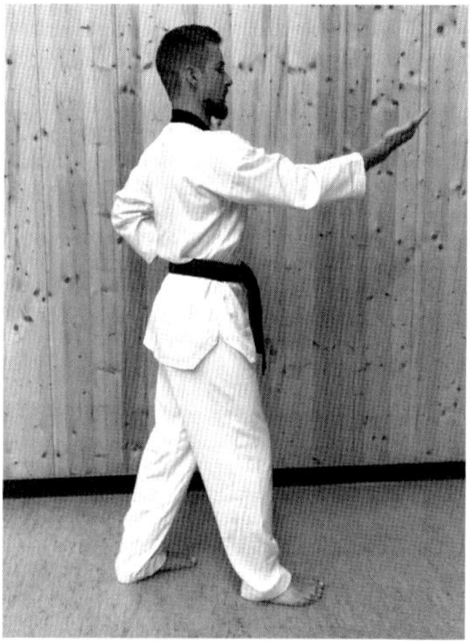

SONNAL YEOP CHIGI 손날 옆 치기 Seitlicher Handkantenschlag (in Rück- oder Seitwärtswärtsstellung). *Sonnal* 손날 Handkante; *yeop* 옆 seitlich; *chigi* 치기 Schlag.

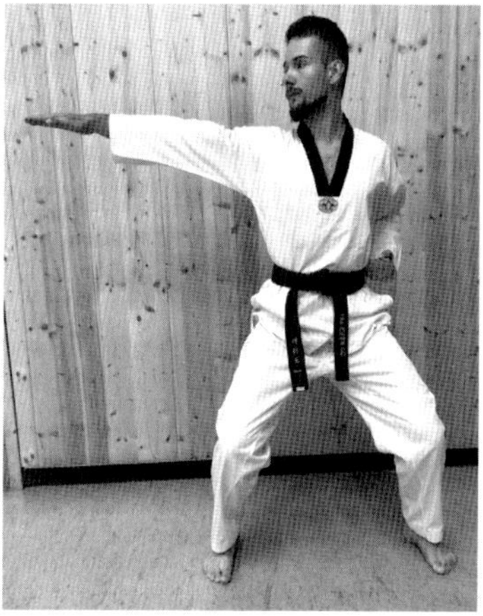

Jjireugi 찌르기 Stich. *Jjireuda* 찌르다 stechen, substantiviert auf -gi 기 (Verbalnomen).

Pyeonsonggeut eopeo jjireugi 편손끝 엎어 찌르기 Fingerspitzenstich mit dem Handrücken oben. *Pyeon* 편 Formation, Verband (hanja 编 *biān*); auch *pyeondae* 편대 Formation; *songgeut* 손끝 Fingerspitzen; *eopeo* 엎어, als Verb *eopda* 엎다 umkehren, auf den Kopf stellen (Konverbalform); *jjireugi* 찌르기 Stich. Angriffsziele: Augen, Hals, Solarplexus.

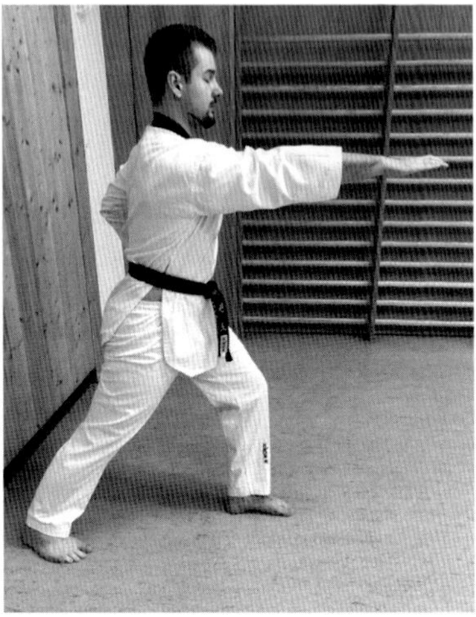

Pyeonsonggeut jeochyeo jjireugi 편손끝 젖혀 찌르기 Fingerspitzenstich mit offener Hand nach oben. *Pyeon* 편 Formation, Verband (hanja 编 *biān*), auch *pyeondae* 편대 Formation.

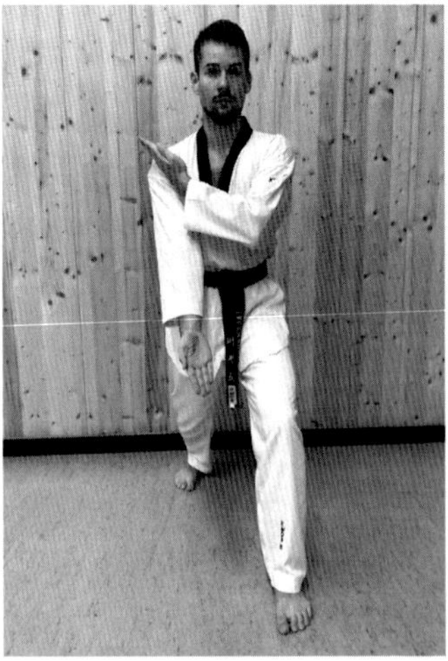

Pyeonsonggeut sewo jjireugi 편손끝 세워 찌르 기 Stichangriff mit aufgestellten Fingerspitzen. *Pyeon* 편 Formation, Verband (hanja 编 *biān*), auch *pyeondae* 편 대 Formation (hanja 编隧 *biān-suì*); *songeutt* 손끝 Fingerspitzen; *sewo* 세 워 , als Verb *se-uda* 세 우 다 aufstellen, aufrichten (Konverbalform).

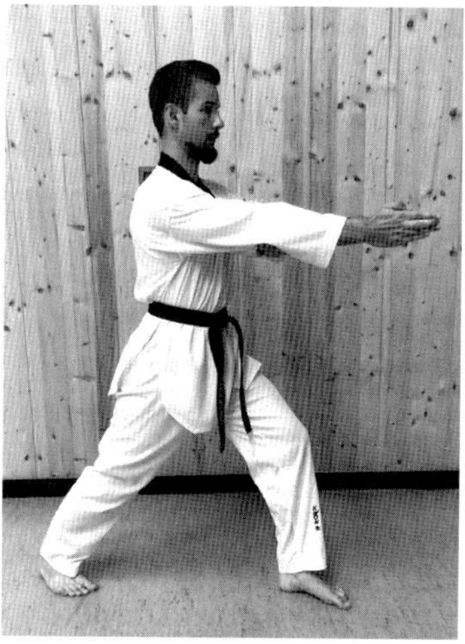

Anmerkung: *Pyeon* zeigt an, dass die Fingerspitzen in einer Reihe aufgestellt sind.

Makgi 막기 Abwehr. *Makda* 막다 abwehren, hemmen, verteidigen; substantiviert mit *-gi* 기 (Verbalnomen).

Arae makgi 아래 막기 untere Abwehr. *Arae* 아래 unten; *makgi* 막기 Abwehr.

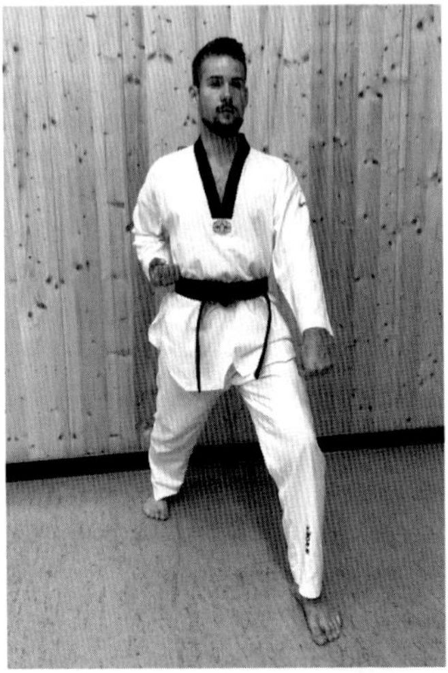

Eolgul makgi 얼굴 막기 Abwehr in Gesichtshöhe. *Eolgul* 얼굴 Gesicht; *makgi* 막기 Abwehr;
*Sonnal eolgul makgi* 손날 얼굴 막기 Handkantenabwehr in Gesichtshöhe.

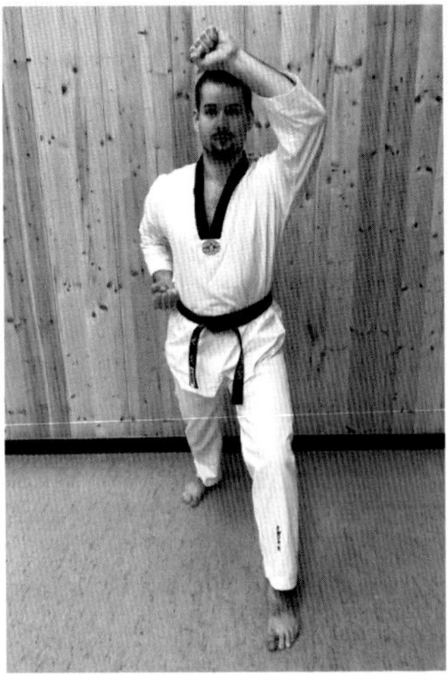

Momtong makgi 몸통 막기 Abwehr in Höhe der Körpermitte.

Momtong anmakgi 몸 통 안 막기 Abwehr in Höhe der Körpermitte v. außen n. innen. *Momtong* 몸통 Körper, Rumpf; *an* 안 das Innere, die Innenseite; *makgi* 막기 Abwehr.

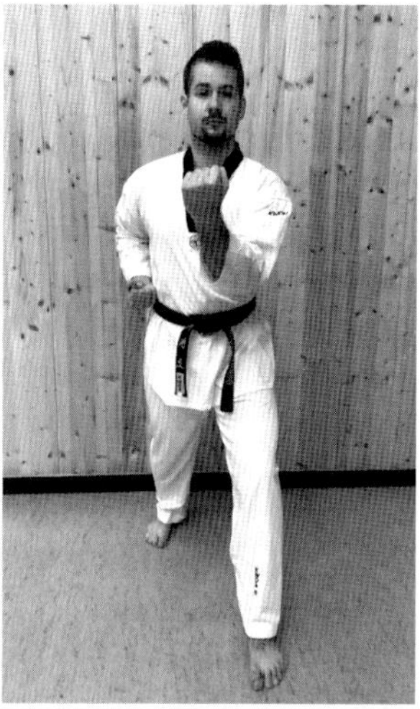

Momtong bakkatmakgi 몸 통 바 깥 막 기 Abwehr in Höhe der Körpermitte nach außen (in Vorwärtsstellung).

Momtong yeonmakgi 몸통 옆막기 Seitliche Abwehr in Höhe der Körpermitte. *Momtong* 몸통 Körpermitte; *yeop* 옆 seitlich; *makgi* 막기 Abwehr. Aussprache «yeonmakgi» wegen der Lautfolge p/m.
Anmerkung: Die Abwehr in Höhe der Körpermitte erfolgt in Rückwärtsstellung oder Reiterstellung.

Anpalmok momtong yeonmakgi 안팔목 몸통 옆막기 Seitliche Abwehr mit dem inneren Unterarm in Höhe der Körpermitte (z. B. aus *dwitgubi seogi* oder *juchum seogi*). *Anpalmok* 안팔목 innerer Unterarm; *momtong* 몸 통 Körper; *yeop* 옆 seitlich; *makgi* 막기 Abwehr.

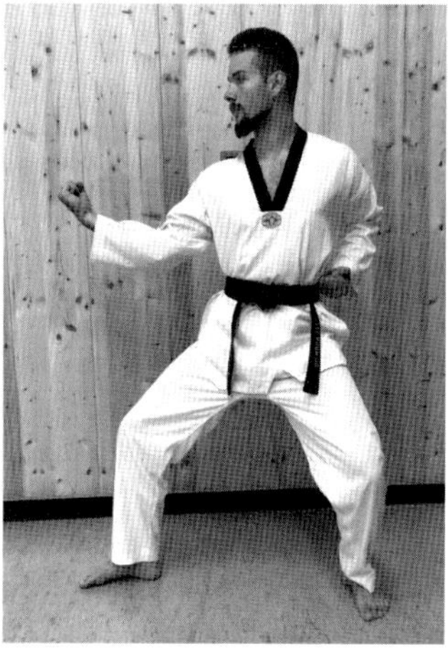

ANPALMOK MOMTONG BAKKAT MAKGI 안팔목 몸통 바깥 막기 Abwehr mit dem inneren Unterarm n. außen in Höhe der Körpermitte (aus Vorwärtsstellung). *Anpalmok* 안팔 목 innerer Unterarm; *momtong* 몸 통 Körper; *bakkat* 바 깥 n. außen; *makgi* 막 기 Abwehr.

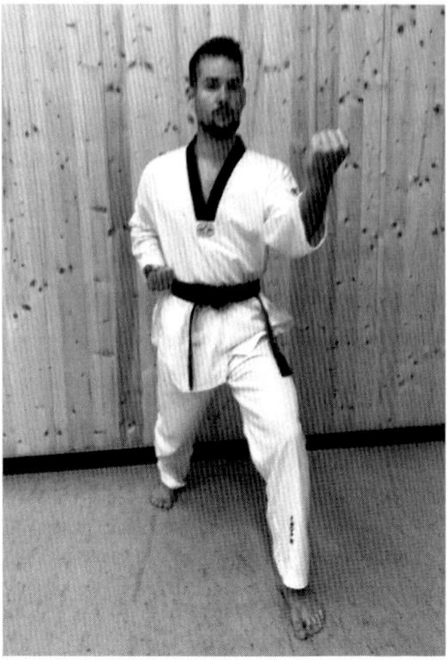

BAKKATPALMOK MAKGI 바깥 팔목 막기 Abwehr mit dem äußeren Unterarm. *Bakkat* 바깥 außen; *palmok* 팔목 Fußknöchel, hier: knöchelartiger Vorsprung über dem Handgelenk; *makgi* 막기 Abwehr.

BAKKATPALMOK MOMTONG BAKKATMAKGI 바깥팔 목 몸통 바깥 막기 Abwehr in Körperhöhe mit dem äußeren Unterarm nach außen (in Vorwärtsstellung). *Bakkat palmok* 바깥 팔목 äußerer Unterarm; *momtong* 몸 통 mittlere Stufe, Körper; *bakkatmakgi* 바깥막기 Abwehr nach außen.

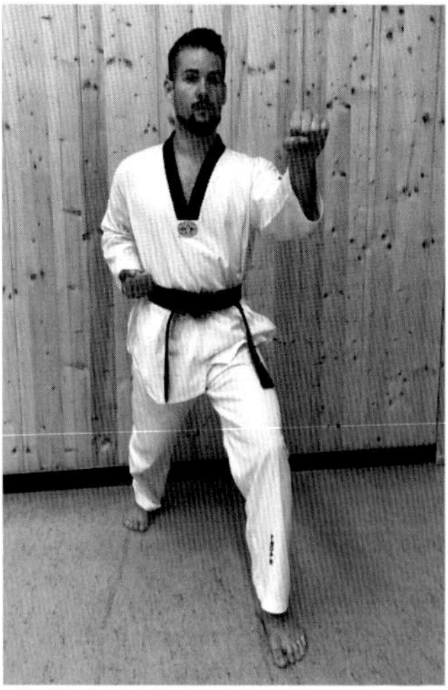

Bakkatpalmok momtong yeonmakgi 바깥 팔목 몸통 옆막기 Seitliche Abwehr in Rumpfhöhe mit dem äußeren Unterarm aus der Rückwärtsstellung. *Bakkat palmok* 바깥 팔목 äußerer Unterarm; *momtong* 몸통 mittlere Stufe, Körper; *yeonmakgi* 옆막기 Abwehr zur Seite.

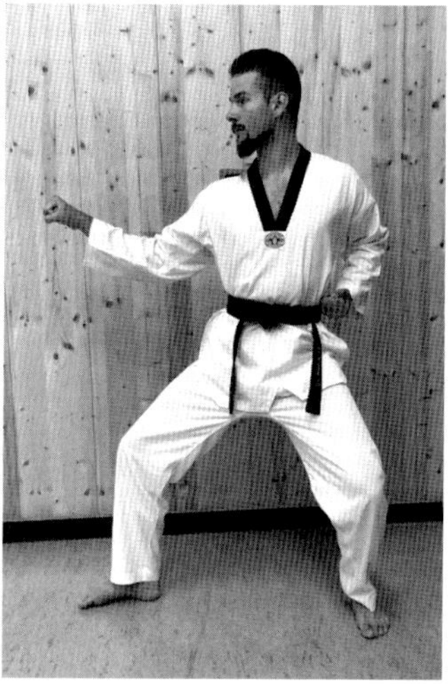

Batangson anmakgi 바탕손 안막기 Handwurzelblock von außen nach innen. *Batangson* 바탕손 Handwurzel; *an* 안 innen, das Innere; *makgi* 막기 Abwehr.

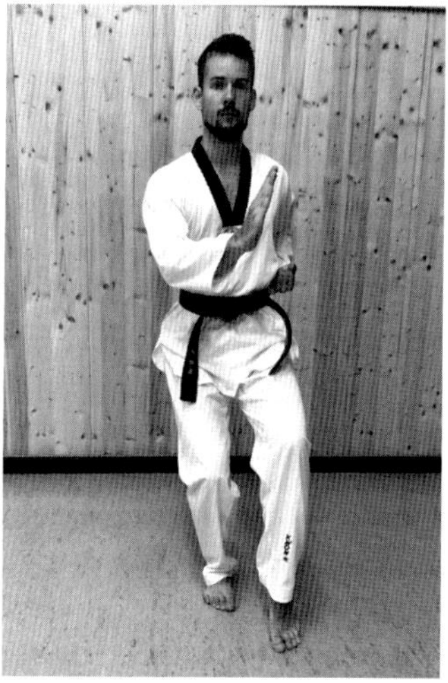

Batangson ollyeo makgi 바탕손 올려 막기 Handwurzelblock v. unten n. oben. Batangson 바 탕 손 Handwurzel; *ollida* 올리다 emporsteigen (Konverbalform); *makgi* 막기 Abwehr.

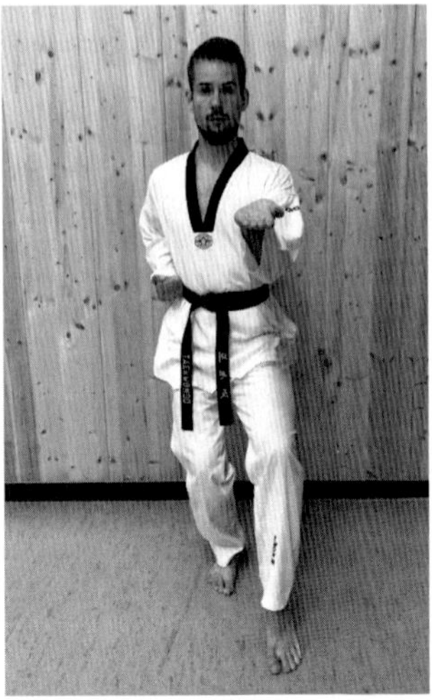

Batangson nulleo makgi 바탕손 눌러 막기 Handwurzelblock v. oben n. unten (→ Goryeo). *Nullida* 눌 리 다 gepresst werden, niedergedrückt werden (Konverbalform); *makgi* 막기 Abwehr.

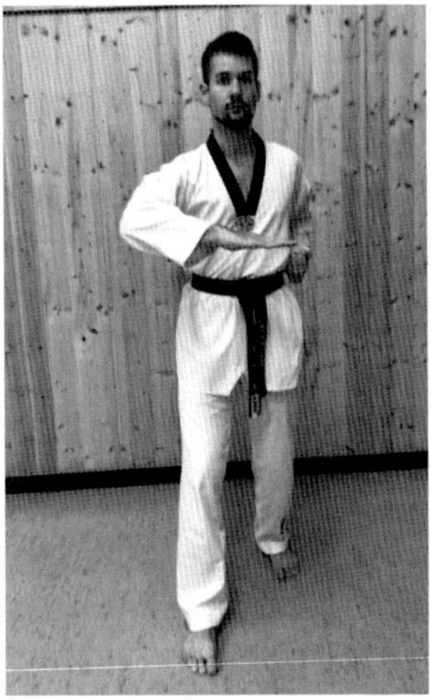

**Biteureo makgi** 비틀어 막기 Dreh-Abwehr. *Biteul-da* 비틀다 «verdrehen, verzerren (Konverbalform); *biteur-eo* drehend etwas tun, ähnlich *biteur-eo chida* 비틀어 치다 sich verbiegen, verdreht werden.
Anmerkung: Die Abwehr erfolgt als Kreisbewegung des Abwehrarmes von innen nach außen, wobei sich der Körper entgegen der Abwehrrichtung verdreht.

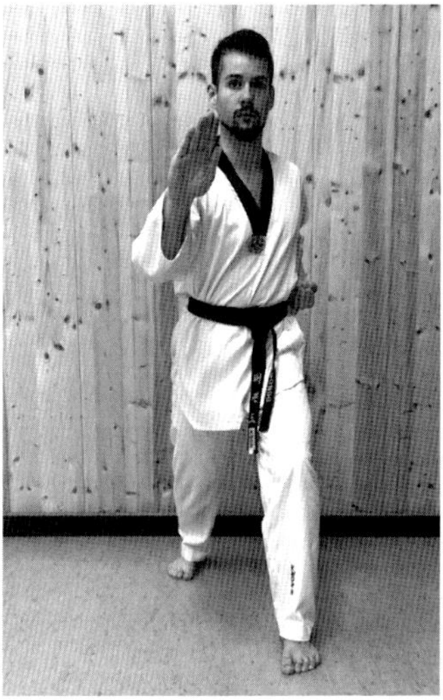

**Hansonnal makgi** 한손날 막기 Einfacher Handkantenblock. *Han* 한 eins; *sonnal* 손날 Handkante; *makgi* 막기 Abwehr. Beispiele: *Hansonnal momtong-makgi* (einfacher Handkantenblock in Höhe der Körpermitte; Abb. u. li.), *hansonnal arae-makgi* (einfacher Handkantenblock nach unten; Abb. u. re.).

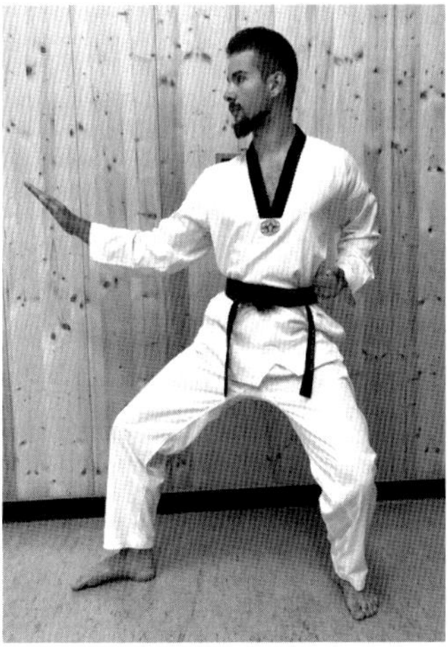

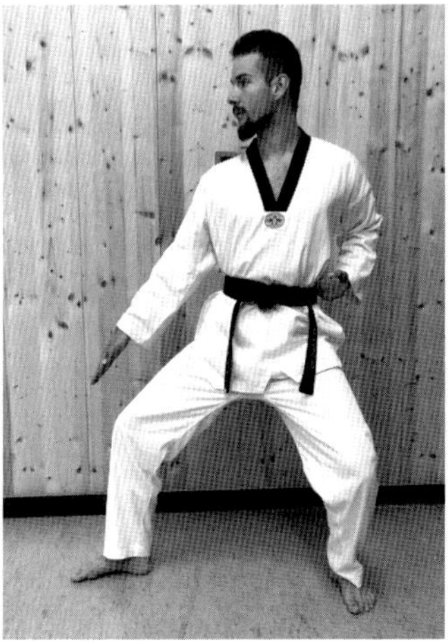

Eotgeoreo makgi 엇걸어 막기 Kreuzblock. *Eodgeol-da* 엇 걸 다 in eine schräge Schlinge legen (Konverbalform) ähnlich *eodgal-li-da* 엇갈리다 sich kreuzen; *arae eotgeoreo makgi* Kreuzblock nach unten [Abb. u. li.]; *eolgul eotgeoreo makgi* Kreuzblock in Gesichtshöhe [Abb. u. re.].

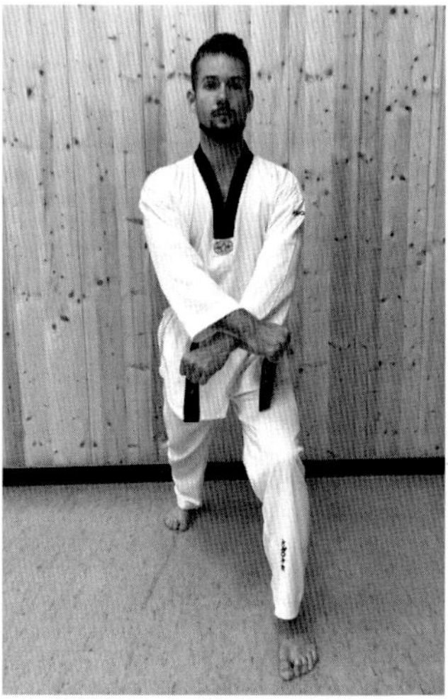

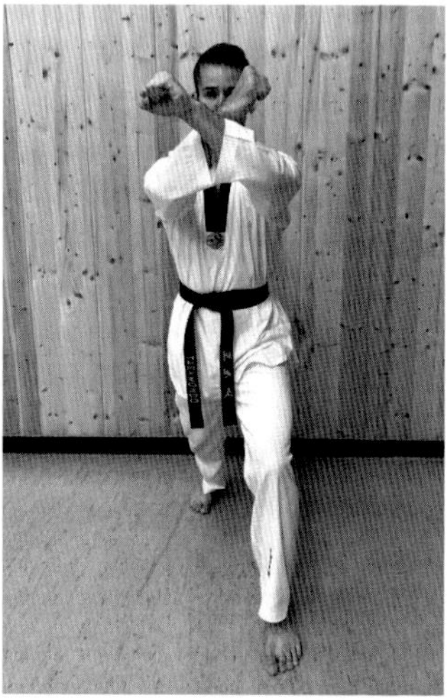

Gawi makgi 가위 막기 Scherenblock. *Gawi* 가 위 Schere. Auch Scherentritt: *gawi chagi*.

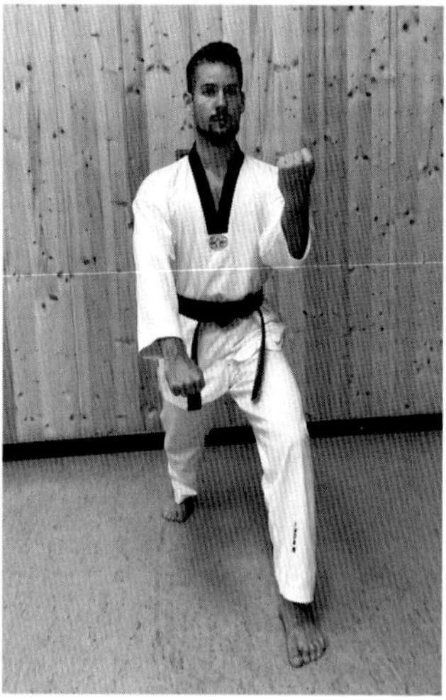

Geodeureo makgi 거들어 막기 Hilfsblock. Eine Hand unterstützt die Blockhand. *Geo-deulda* 거 들 다 helfen (Konverbalform); *makgi* 막 기 Abwehr. Beispiele: *Momtong geodeureo makgi* Hilfsblock Höhe Körpermitte [Abb. u. li.]; *Eolgul geodeureo makgi* Hilfsblock in Gesichtshöhe (→ Pyeongwon); *Arae geodureo makgi* Hilfsblock nach unten [Abb. u. re.] (→ Taegeuk 8).

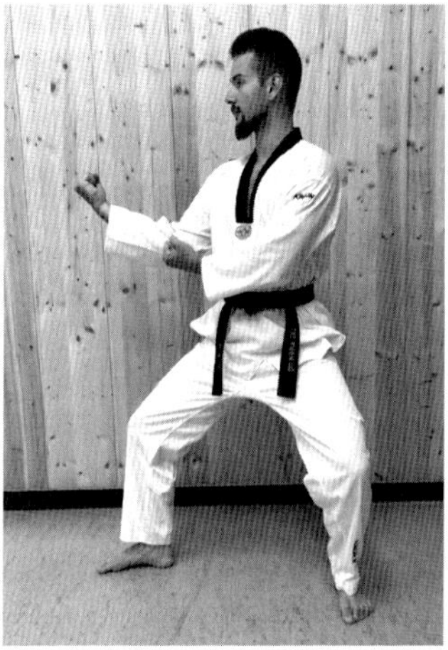

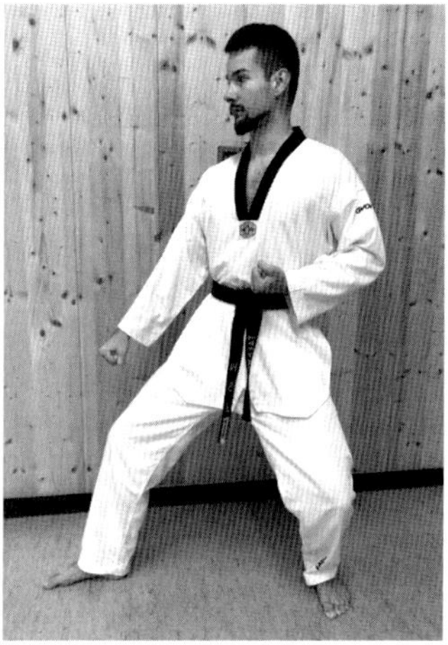

Geumgang makgi 금강 막기 Diamantblock. *Geumgang* 금 강 Diamant (hanja 金刚 *jīngāng*); *makgi* 막기 Abwehr.

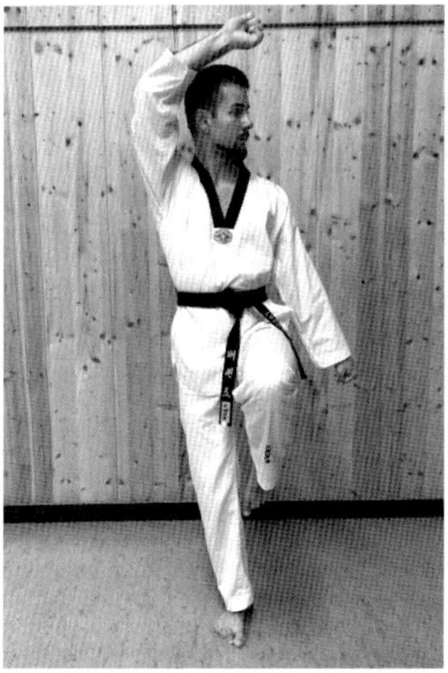

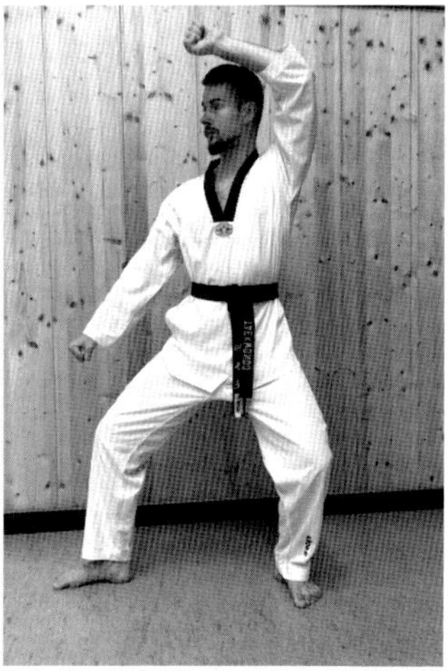

Hechyeo makgi 헤 쳐 막 기 Sprengblock, Aufzug über Kreuz (→ Taegeuk 7). *Hechida* 헤 치 다 graben, auseinanderschieben, zerstreuen (Konverbalform). *Hechyeo* wird auch in der Militärsprache verwendet: «Wegtreten!»

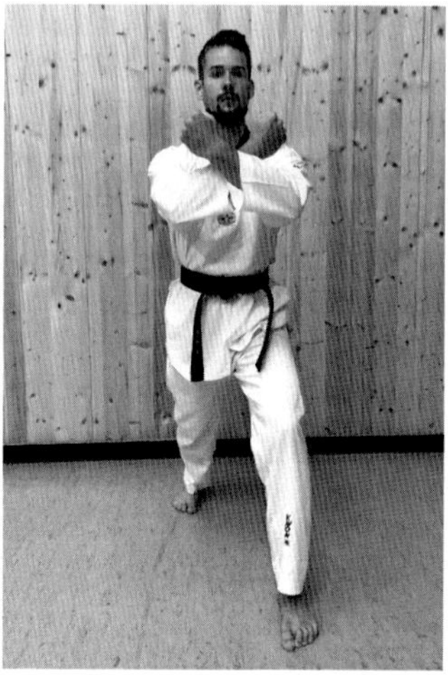

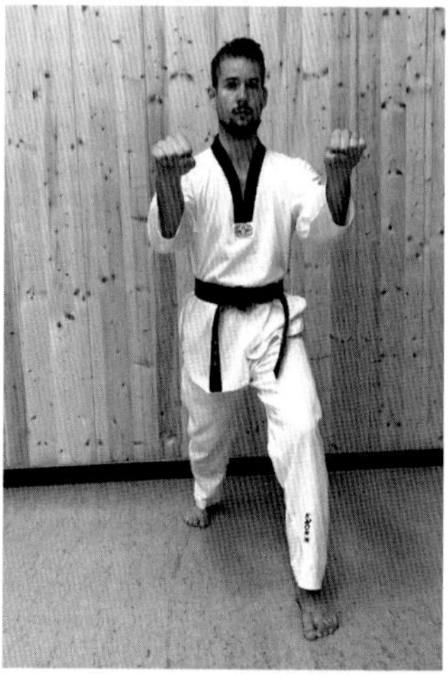

Santeul makgi 산 틀 막 기 Bergblock. *San* 산 (hanja 山 *shān*); *teul* 틀 Modell, Muster.

Anmerkung: *Santeul makgi* ist ein Kombinationsblock aus *anpalmok makgi* und *anmakgi*, Körper und Arme zeigen das chinesische Zeichen für Berg.

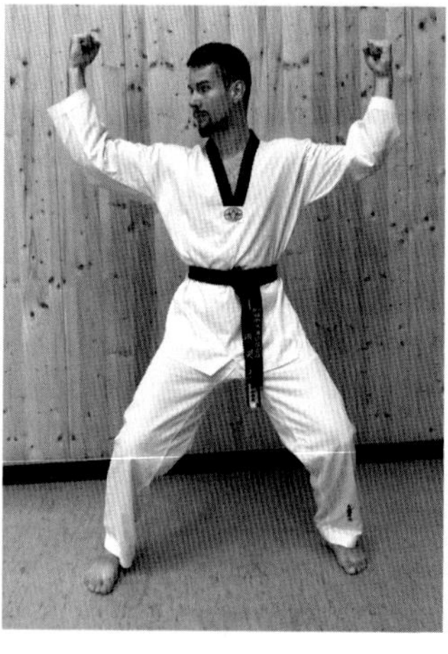

Hechyeo Santeul makgi 헤쳐 산틀막기 Bergblock mit Ausholbewegung v. unten n. oben über Kreuz (→ Sipjin, Pyeongwon). Anmerkung: Zu *oesanteul makgi* 외 산 틀 막기 → Taegeuk 8.

Sonnal makgi 손날 막기 Doppelhandkantenblock. *Sonnal* 손날 Handkante; *makgi* 막기 Abwehr.

Sonnal momtong makgi 손 날 몸통 막기 Doppelhandkantenblock Körpermitte. *Sonnal* 손 날 Handkante; *momtong* 몸통 Körper, Rumpf; *makgi* 막 기 Abwehr.

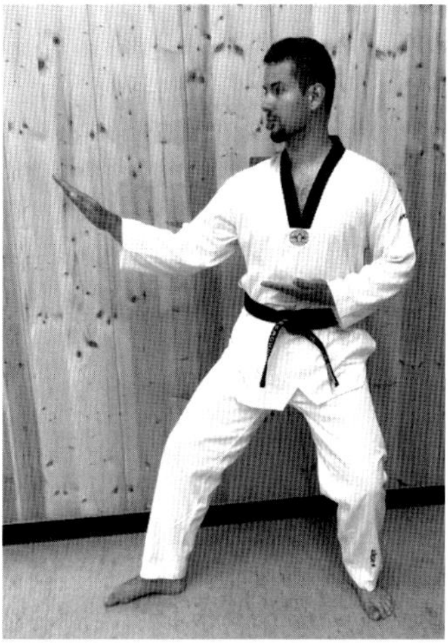

Sonnal arae makgi 손 날 아 래 막기 Doppelhandkantenblock nach unten.

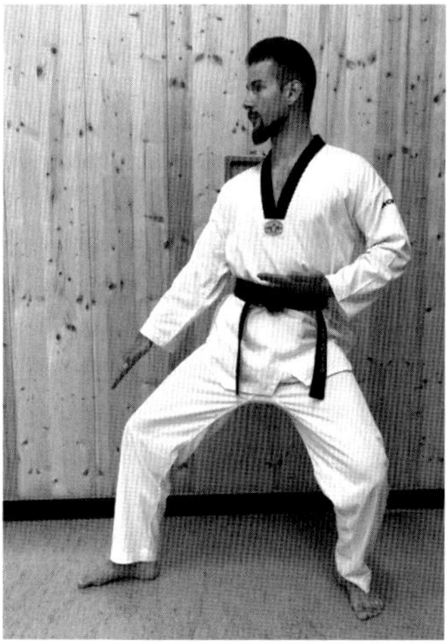

Chagi 차기, als Verb *chada* 차다 mit dem Fuß wegtreten, treten, substantiviert mit *-gi* 기 (Verbalnomen).

Apchagi 앞차기 Tritt nach vorn. *Ap* 앞 vorn; *chagi* 차기 Tritt.

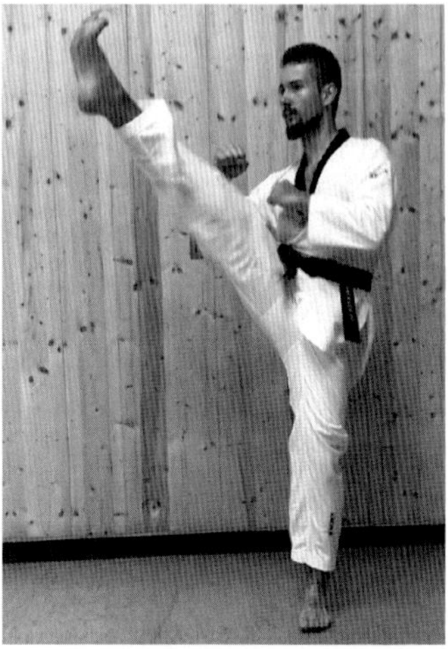

Apcha olligi 앞차올리기 Vorwärtstritt mit geradem Bein aufsteigend. *Ap* 앞 vorn; *olligi* 올리기, als Verb *ol-lida* 올리다 aufsteigen, erheben. Entsprechend *yeopcha olligi* seitlicher Tritt mit gestrecktem Bein.

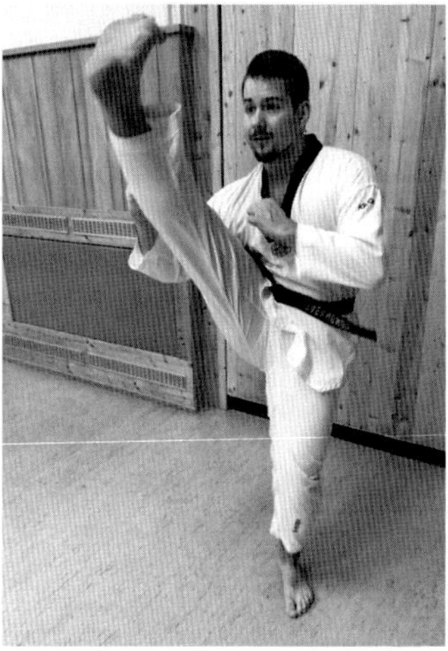

Baldeung chagi 발등 차기 Tritt mit dem Fußrist. *Bal* 발 Fuß; *baldeung* 발등 Fußrist, Fußrücken; *chagi* 차기 Tritt.

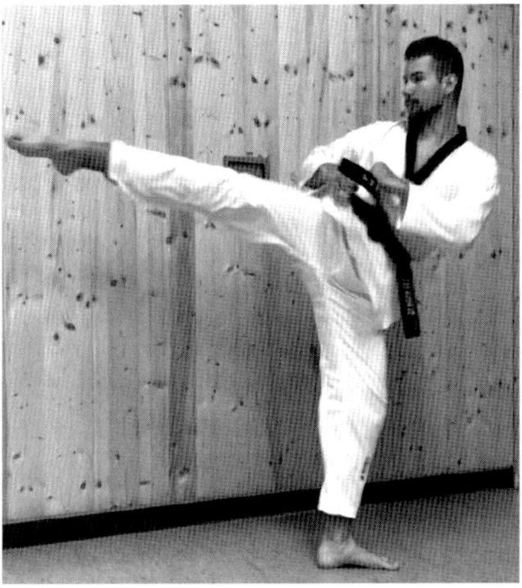

Bandal chagi 반달 차기 Halbmondtritt, halbmondförmiger Tritt von außen nach innen [Abb. u. li.]. *Ban* 반 halb (hanja 半 *bàn*); *dal* 달 Mond; *chagi* 차기 Tritt. Beispiel: *Bandal pyojeok chagi* Halbmondtritt zum Ziel [Abb. u. re.] (→ Taeguk 7, Hansu).

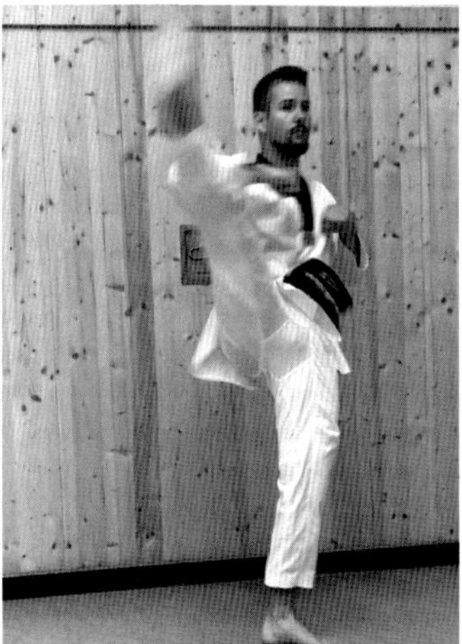

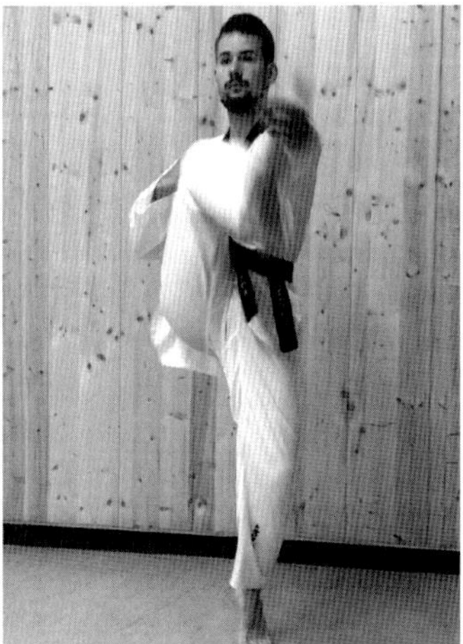

Biteureo chagi 비틀어 차기 (Halbkreis)-Drehtritt. *Bi-teulda* 비 틀 다, verdrehen verzerren (Konverbalform); *biteureo* drehend etwas tun; ähnlich *biteureo chida* sich verbiegen, verdreht werden (Anmerkung: Der Tritt erfolgt als Halbkreisbewegung durch Verdrehen des Trittbeins nach außen); *chagi* 차 기 Tritt.

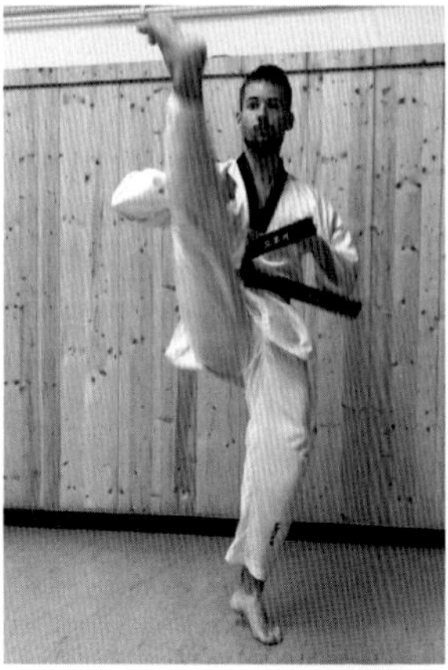

Dollyeo chagi 돌려 차기 Halbkreistritt. *Dollida* 돌 리 다 drehen, herumdrehen (Konverbalform); *chagi* 차기 Tritt.

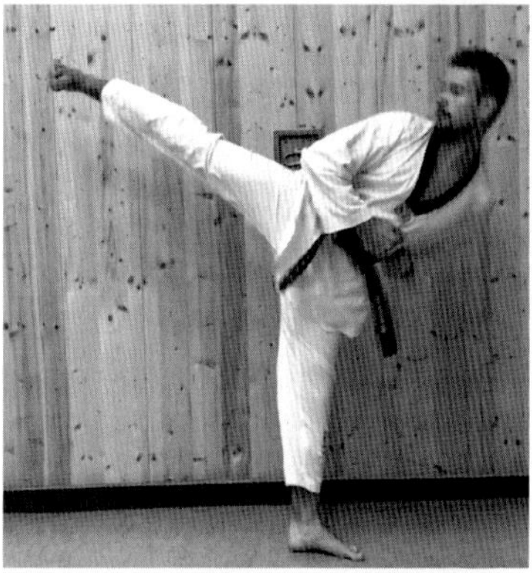

Bandae dollyeo chagi, dwit dollyeo chagi 반대 돌려차기, 뒷돌려차기 Fersendrehkick. *Bandae* 반대 umgekehrt (hanja 反 对 *fǎn duì*); *bandaero* 반대로 in umgekehrter Richtung; Halbkreistritt in umgekehrter Richtung (*bandae*) oder «über den Rücken gedreht» (*dwi*).

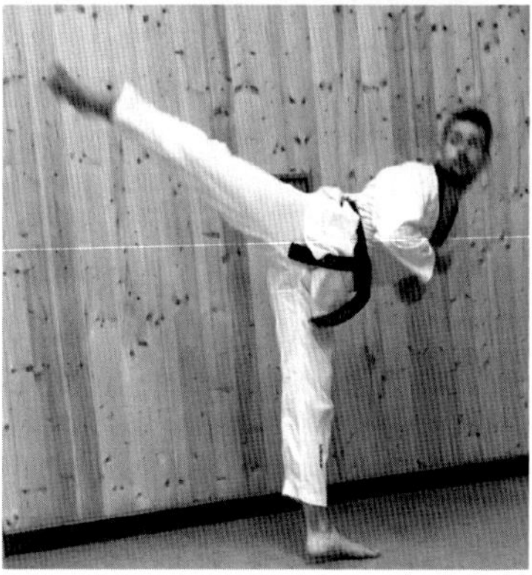

Dubaldangseong chagi 두발당성 차기 Sprung mit Wechseltritt. Anmerkung: Es wird aus dem Sprung heraus mit beiden Beinen nacheinander getreten, zuerst mit dem hinteren, dann mit dem vorderen. Der erste Tritt dient eher dem Antäuschen, ist daher nicht so hoch und kraftvoll wie der zweite. *Bal* 발 Fuß; *dubal* 두발 mit zwei Füßen; *dangseong* 당 성 Bezeichnung für die Stellung, die verwendet wird – im Taekwondo oder Taekkyeon –, um die körperliche Bewegung zu beschreiben, wenn man mit zwei Füßen auf den Gegner tritt (→ Taegeuk 8). Beispiele: *dubaldangseon apchagi* [Abb. unten li. u. re.] (→ Taegeuk 8), *dubaldangseong dollyeo chagi*; *dubaldangsang baldeung chagi*.

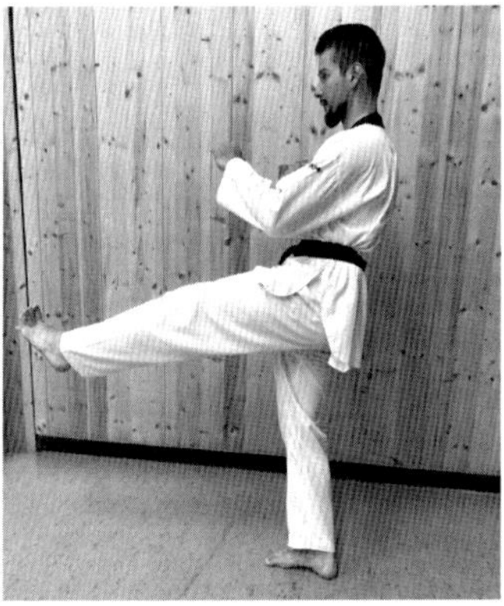

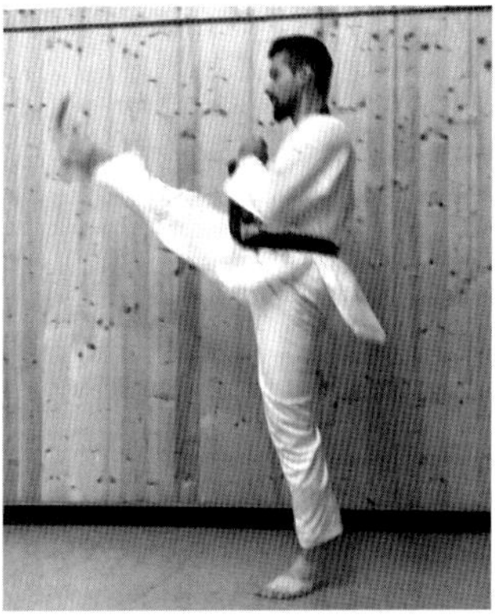

Dwitchagi 뒷차기 Tritt nach hinten. *Dwit* 뒷 hinten; *chagi* 차 기 Tritt.

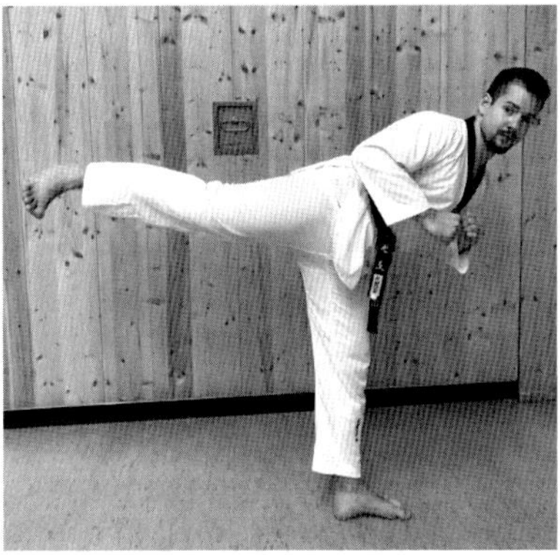

Geodeup chagi 거듭 차기 wiederholter Kick. *Geodeup* 거듭 wiederholt, als Verb *geo-deup hada* 거듭하다 wiederholen; *chagi* 차기 Tritt.

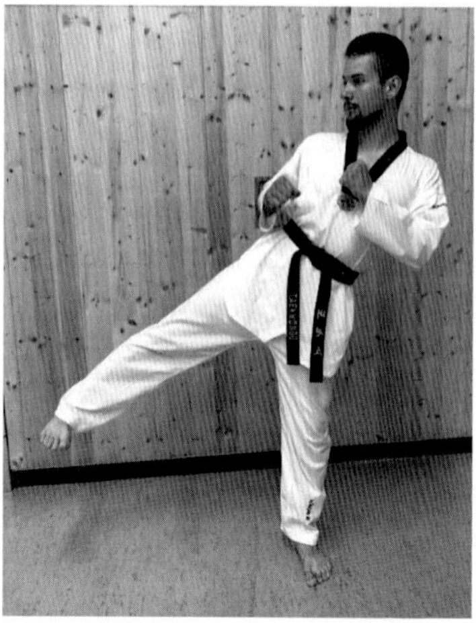

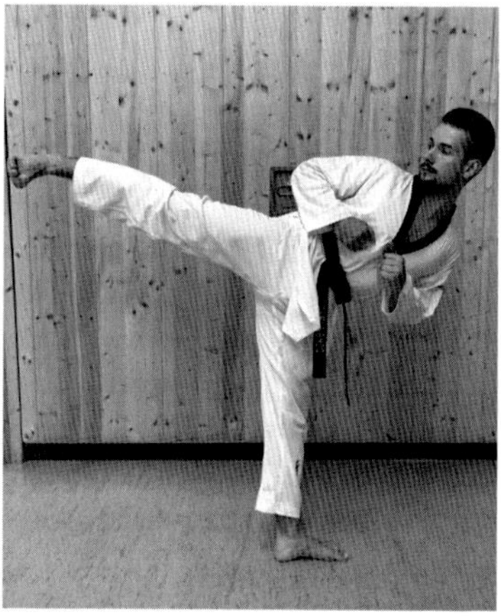

Anmerkung: Bei dieser Technik wird ein Tritt mit dem gleichen Fuß wiederholt ohne Wechsel des Standbeines. Der erste Tritt zielt auf Kniehöhe, der zweite auf Körpermitte oder Kopf. Oftmals wird der erste tritt eher als Antäuschen interpretiert, der zweite als Angriffstechnik ausgeführt. Beispiele: *geodeup yeop chagi* [Abb. o. und u.] (→ Goryeo), auch *geodeup apchagi* wiederholter Tritt nach vorn; *geodeup dollyeo chagi* wiederholter Halbkreistritt.

Huryeo chagi 후려 차기 Peitschentritt. *Huryeo chida* 후려치다, peitschen, geißeln; *chagi* 차기 Tritt.

Mileo chagi 밀어차기 Schiebetritt. *Milda* 밀다 schieben (Konverbalform), ähnl. *milchida* 밀 치 다 schieben; *chagi* 차기 Tritt.

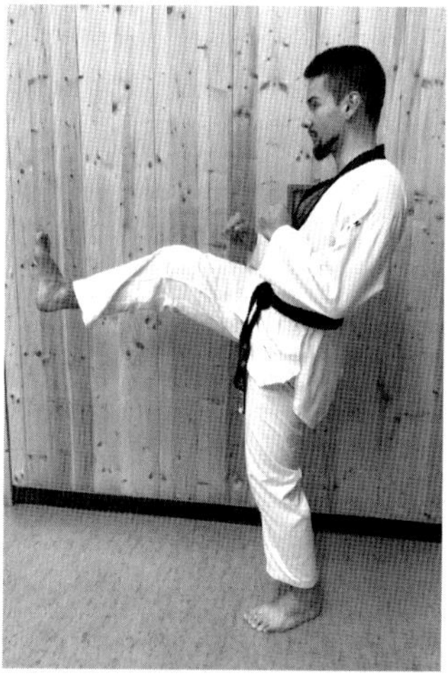

Modum chagi 모 둠 차 기 Tritt mit beiden Füßen gleichzeitig. *Modum* 모둠 alles, allesamt; *chagi* 차기 Tritt. Beispiele: *modum apchagi* (Abb. re.), *modum yeopchagi*.

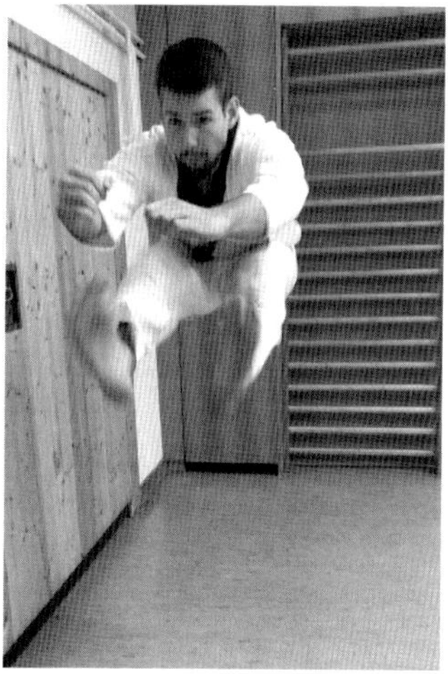

Momdollyeo baldeung chagi 몸돌려 발등 차기 Tritt mit dem Fußrist aus der Drehung um die eigene Körperachse. *Mom* 몸 Körper; *dollyeo* 돌려, als Verb *dollida* 돌리다 drehen, herumdrehen (Konverbalform); *baldeung* 발 등 Fußrist; *chagi* 차기 Tritt.

Mureup ollyeo chigi 무릎올려 치기 Kniestoß v. unten n. oben. *Mureup* 무릎 Knie; *ollida* 올리다 hochgehen, erheben (Konverbalform); *chigi* 치기 Stoß.

Nagga chagi 낚아 차기 Angeltritt. *Nagg-da* 낚다 angeln (Konverbalform); *nagg-si* 낚시 Angelhaken; *chagi* 차기 Tritt.

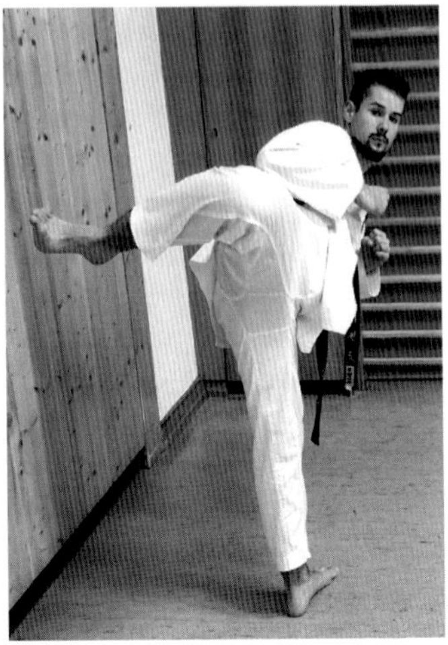

Naeryeo chagi 내려 차기 Hammertritt v. oben n. unten [Abb. re.]. *Nae-rida* 내리다 herunterkommen, herunterfallen (Konverbalform); *chagi* 차기 Tritt.

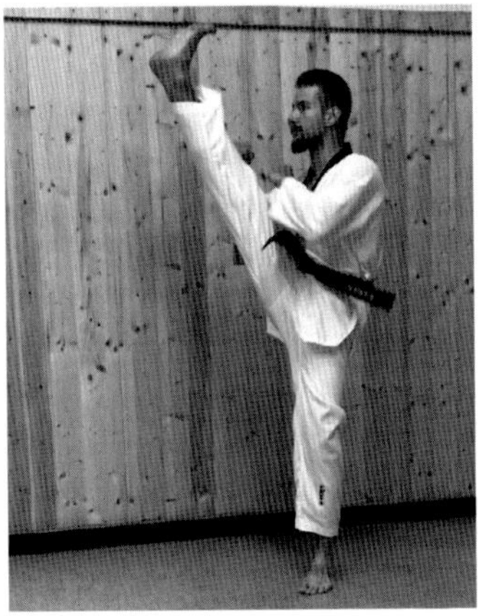

*Bakk-euro naeryeo chagi* 박으로 내려 차기 Hammertritt v. innen n. außen: *bakk* 밖 außen; *ro* 로 Ablativ, die Richtung angebend; *eu* 으 euphonisch eingeschoben (*ro* 로 nach Konsonant); *An-euro naeryeo chagi* Hammertritt von außen nach innen.

Nophi chagi 높이 차기 Tritt in die Höhe. *Nophda* 높다 (als Verb) hoch sein, als Substantiv *noph-i* 높이 die Höhe; *chagi* 차기 Tritt.

Torayeop chagi 돌아엳차기 Seitwärtstritt aus der Drehung heraus. *Tora* 돌아, als Verb *tora kada* 돌 아 가다 zurückkehren, umdrehen; *yeop* 엳 seitlich; *chagi* 차기 Tritt.

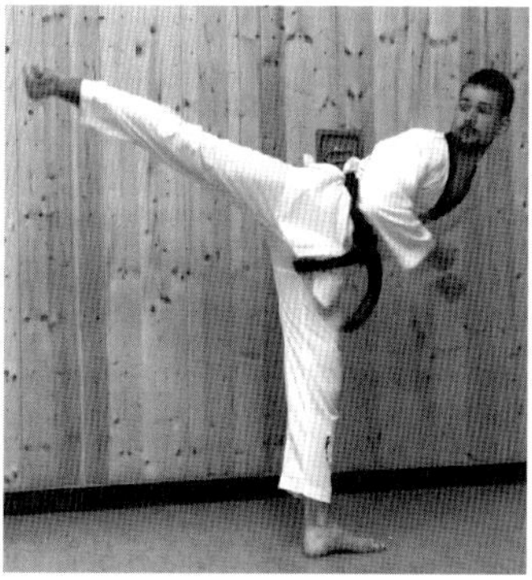

Ddwieo chagi 뒤어 차기 Sprungtritt. *Ddui-da* 뒤다 springen (Konverbalform); *chagi* 차기 Tritt.

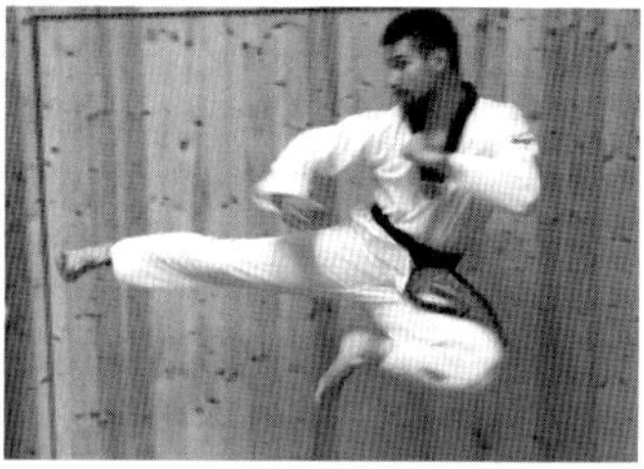

Yeop chagi 엳 차기 Seitlicher Tritt. *Yeop* 엳 seitlich; *chagi* 차 기 Tritt.

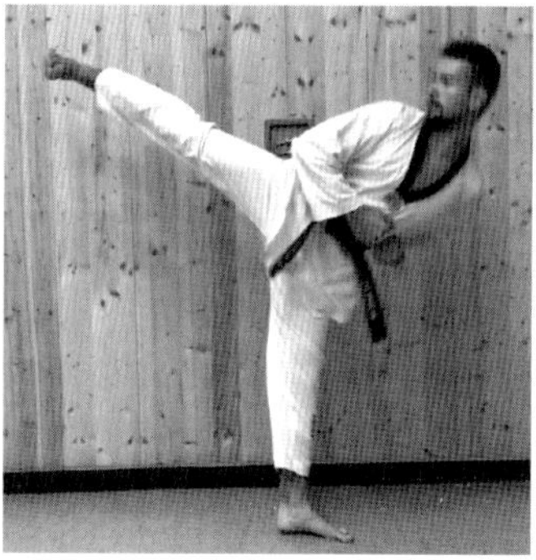

## 2.7 Sondertechniken aus den unteren Formen (Taegeuk 5-8)

### *Taegeuk Oh Jang (5)*

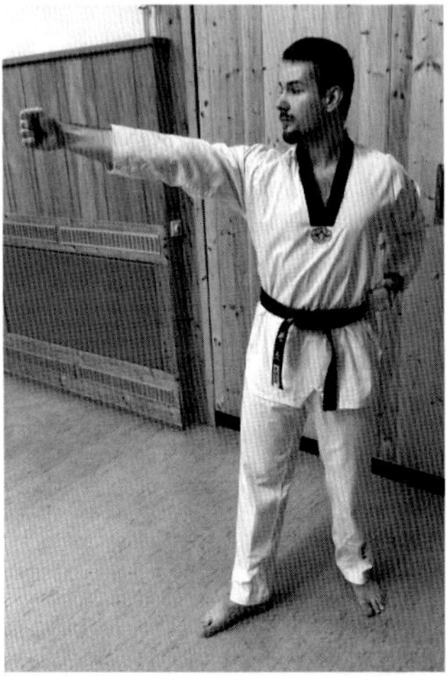

Mejumeok naeryeo chigi 메주먹 내려 치기 Hammerfaust v. oben n. unten. *Me* 메 Hammer; *me-reul-chida* 메를 치다 hämmern; *jumeok* 주 먹 Faust; *naeryeo* 내 려 , als Verb *naerida* 내 리 다 herabfallen; *chigi* 치기 Schlag.

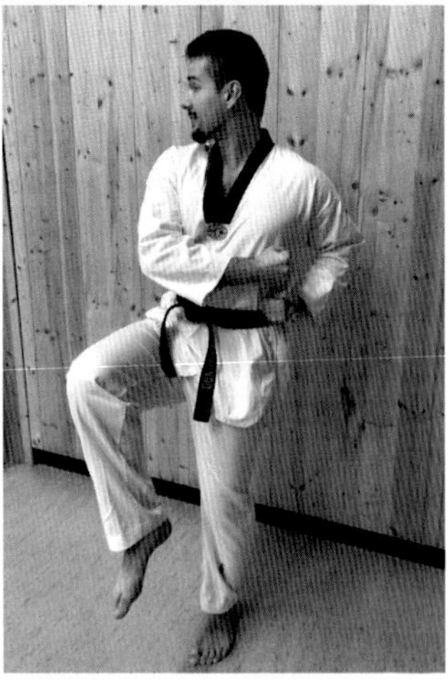

Jageun doljjeogwi 작 은 돌 쩌 귀 Kleines Scharnier. *Jageun* 작은: Adjektiv zu *jagda* 작 다 klein sein; *doljjeogwi* 돌 쩌 귀 Scharnier. Siehe *keun doljjeogwi* 큰 돌 쩌 귀 Großes Scharnier (Geumgang Pumsae); *keun* 큰 Adjektiv zu *keuda* 크 다 groß sein.

Palgup eolgul dollyeo chigi 팔굽 얼굴 돌려 치기 Halbkreis-Ellbogenschlag zum Gesicht. *Palgup* 팔굽 Ellbogen; *eolgul* 얼굴 Gesicht; *dollyeo* 돌려 Halbkreis; *dollida* 돌리다 aufsteigen (Konverbalform); *chigi* 치기 Schlag.

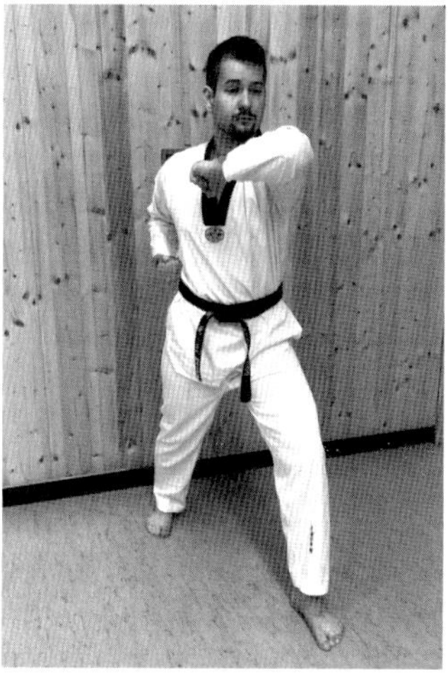

*Taegeuk Chil Jang (7)*

Dujumeok jeochyeo jireugi (→ Handtechniken Angriff).

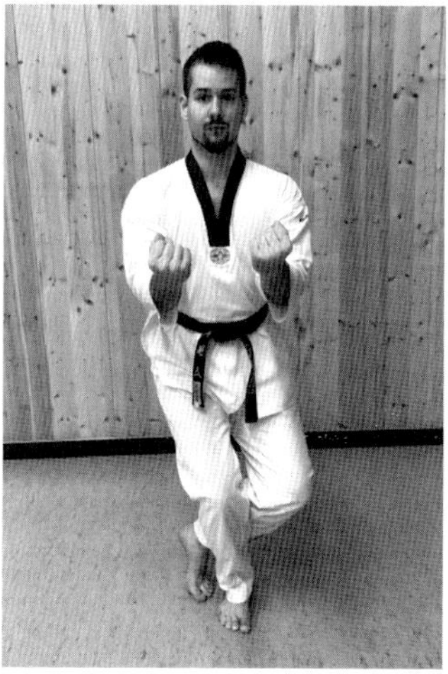

DEUNG JUMEOK EOLGUL BAKKAT CHIGI 등주먹 얼굴 바 깥 치 기 Fausträckenschlag nach außen zum Gesicht. *Deung jumeok* 등주 먹 Faustrücken; *eolgul* 얼 굴 Gesicht; *bakkat* 바 깥 nach außen; *chigi* 치기 Schlag.

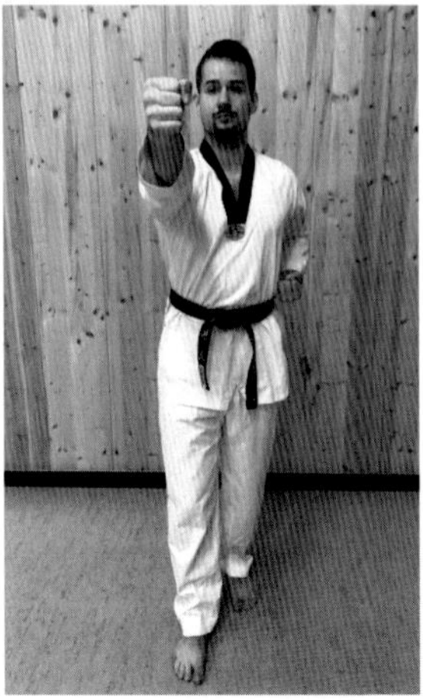

BANDAL PYOJEOK CHAGI 반달 표 적 차 기 Halbmondtritt zum Ziel (→ Hansu). *Ban* 반 halb (hanja 半 *bàn*); *dal* 달 Mond; *pyojeok* 표 적 Ziel; *chagi* 차 기 Tritt.

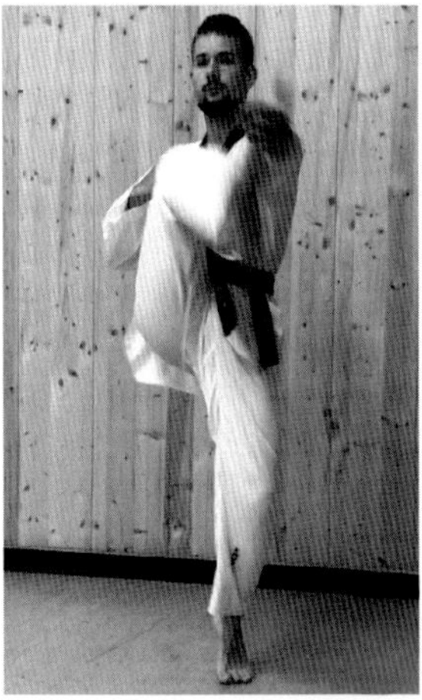

BOJUMEOK 보 주먹 Umschlossene Faust (die linke Hand umschließt die rechte Faust; Konzentrationsstellung (auch Ilyeo). *Bo* 보 (hanja 苞 *bāo*) Einband, Deckblatt, Knospe; als Verb *pogae-da* 보개 다 übereinander- oder aufeinanderlegen, schichten.

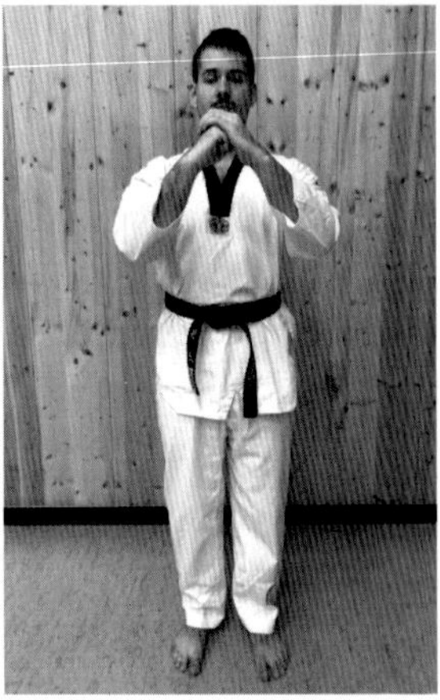

Dubaldangseong apchagi 도발당성 앞차기 Apchagi mit zwei Füßen nacheinander getreten. *Bal* 발 Fuß; *dubal* 두발 mit zwei Füßen; *dangseong* 당성 ist die Bezeichnung für die Stellung, die verwendet wird – im Taekwondo oder Taekkyeson –, um die körperliche Bewegung zu beschreiben, wenn man mit zwei Füßen auf den Gegner eintritt (→ Fußtechniken); *apchagi* 앞차기 Vorwärtstritt.

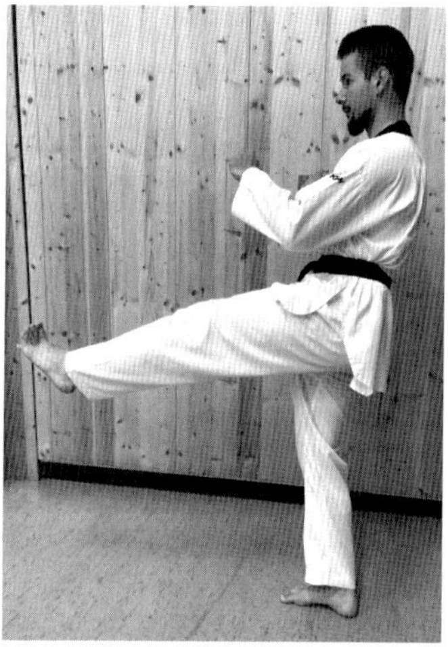

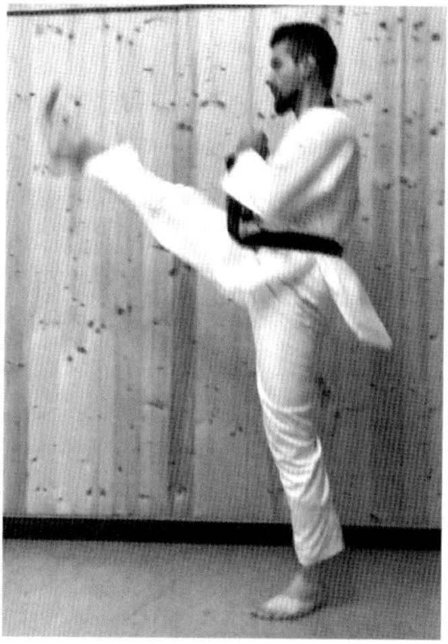

Wesanteul makgi 외산 틀 막기 Einzel-Bergblock (→ Hansu). *We-* 외 einzig, allein, Singular; *san* 산 (hanja 山 *shān*) Berg; *teul* 틀 Muster, Modell; *makgi* 막 기 Abwehr.

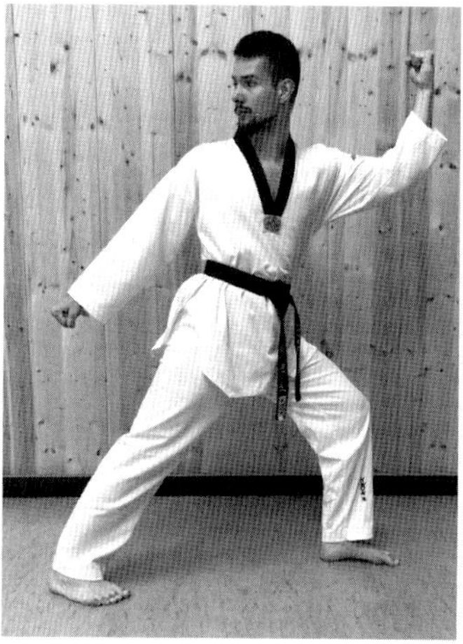

Palgup dollyeo chigi 팔굽 돌려 치기 Halbkreisschlag mit dem Ellbogen zum Gesicht (→ Taegeuk 5). Als Verb *ollida* 올 리다 aufsteigen, erheben (Konverbalform); ähnlich *ollakada* 올라가다, hinaufsteigen, hochgehen; *chigi* 치기 Schlag.

## *Goryeo Pumsae* (9) 고려

*Goryeo* steht für den Namen der Goryeo-Dynastie (918–1392), von der das heutige Korea seinen Namen hat. Das Bewegungsdiagramm *sa* (chin. *shì*) 士 zeigt den Gelehrten.[9]

Ausgangsposition: Naranhi seogi, tongmilgi.

Tongmilgi 통밀기 Schieben des Eimers. *Tong* 통 (hanja 桶 *tǒng*) Eimer, Tonne; *milda* 밀 다 stoßen, schieben, substantiviert mit *-gi* 기 Stoß (Verbalnomen).

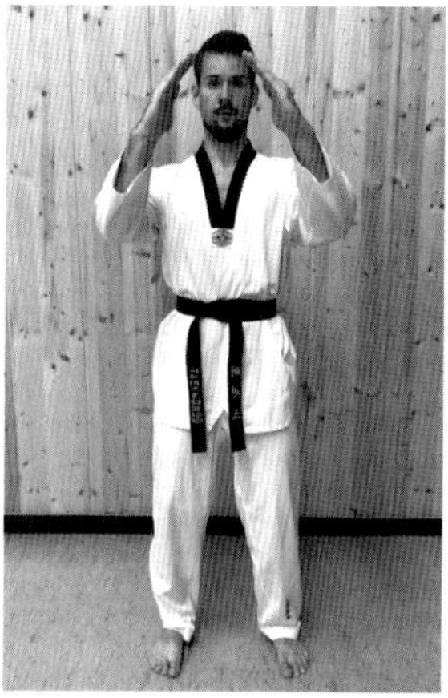

Geodeup yeopchagi 거듭옆차기 Wiederholter Seitwärtstritt. *Geodeup* 거듭 wiederholt, als Verb *geodeup hada* 그듭 하다 wiederholen; *yeop* 옆 seitlich; *chagi* 차기 Tritt.

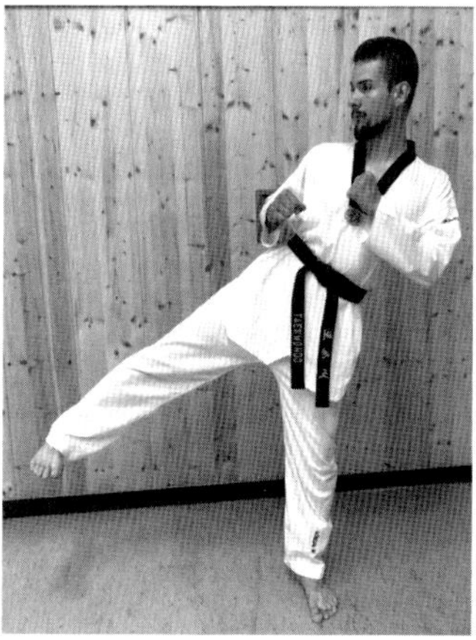

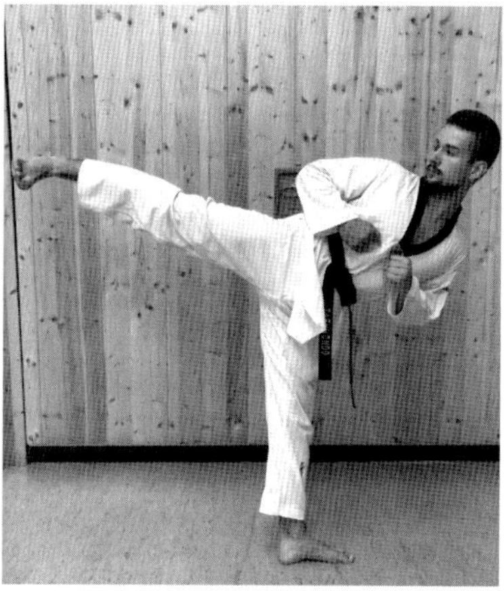

Kaljaebi 칼재비 Messerhand: Handangriff bei abgespreiztem Daumen zum Hals oder Kinn des Gegners. *Kal* 칼 Messer; *jaebi* 재비 deutet die Form des Bogens oder einer Sichel an.

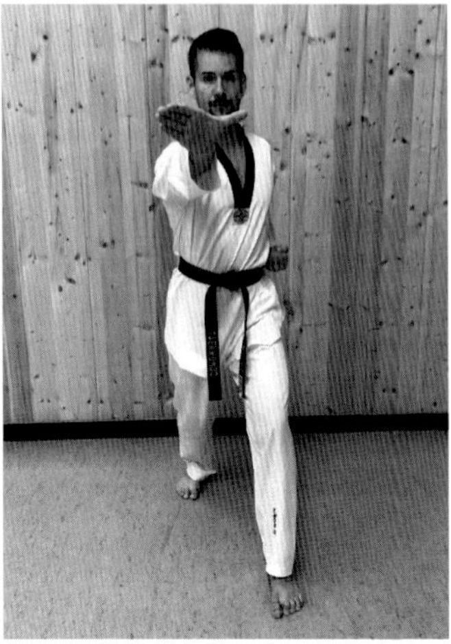

Aguison mok chigi 아귀손 목 치기 Schlag zum Hals mit der Gabel-Hand. *Agui* 아귀 Gabel, Gabelung (synonym zu *kaljaebi*); *mok* 목 Hals; *chigi* 치기 Schlag.

Mureup ggeoggi 무릎 꺾기 Knie brechen. *Mureup* 무릎 Knie; *ggeogg-ida* 꺾이다 brechen, substantiviert mit *-gi* 기 (Verbalnomen).

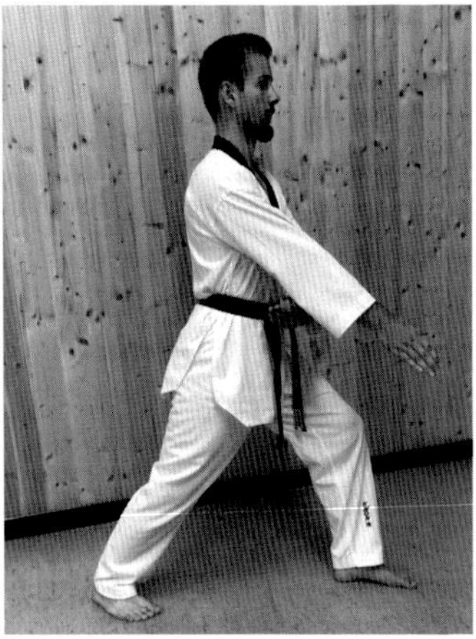

Jumeok pyojeok jireugi 주먹 표적 지르기 Fauststoß zum Ziel. *Jumeok* 주먹 Faust; *pyojeok* 표적 Ziel; *jireugi* 지 르기 Stoß.

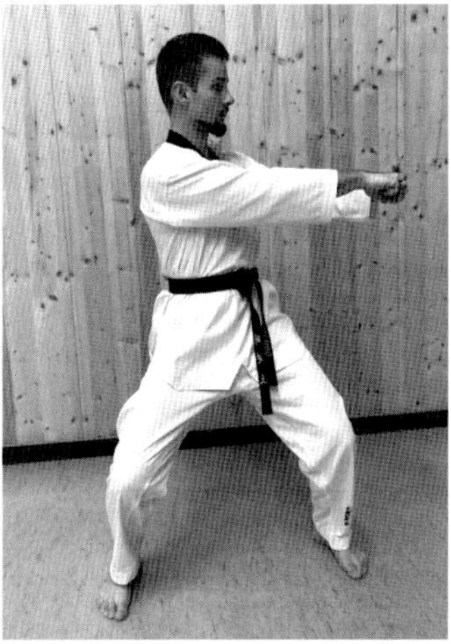

Pyeonsonggeut arae jeochyeo jjireugi 편 손 끝 아래 젖혀찌르기 Gedrehter Fingerspitzenstoß n. unten. *Pyeon* 편 (hanja 编 *biān*) Formation, Verband, auch *pyeon dae* 편대 (hanja 编隧 *biānsuì*) Formation; *arae* 아 래 unten; *jeocheo* 젖 혀 (sprich: tschetscho) von *jeo-chida* 젖 히 다 sich zurückbeugen, umdrehen (Konverbalform); *jjireugi* 찌르 기 Stich, von *jjireu-da* 찌르다 stechen, aufspießen. Angriffsziel: Genitalien.

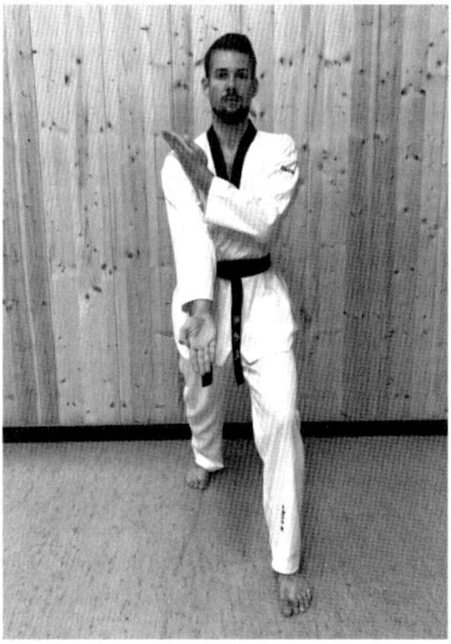

Batangson nulleo makgi 바탕손 눌러 막기 Pressblock mit der Handwurzel. *Batang* 바탕 Grund, Grundlage; *batangson* 바 탕 손 Handwurzel; *nulli-da* 눌 리 다 gepresst werden, niedergedrückt werden (Konverbalform).

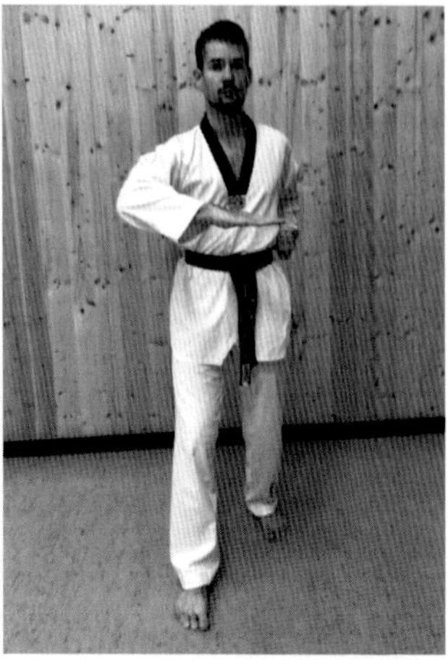

Palgup yeop chigi 팔굽 옆 치기 Ellbogenschlag zur Seite. *Palgup* 팔굽 Ellbogen; *yeop* 옆 Seite, seitlich; *chigi* 치 기 Schlag.

Anmerkung: Beide Techniken werden als Einheit durchgeführt. Der Name lautet dann *Batangson nulleo makgo palgup yeop chigi.*

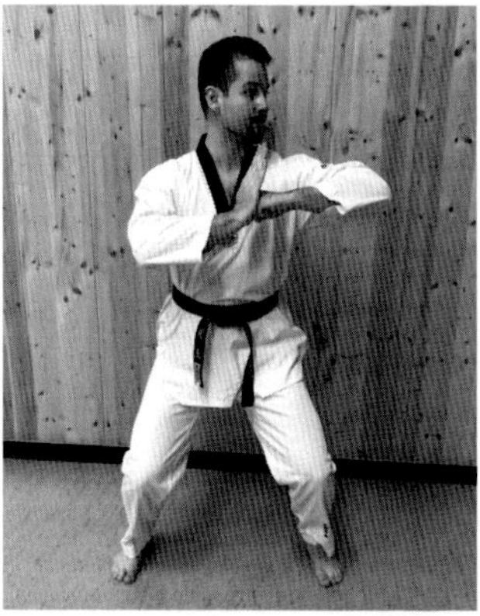

Wenmejumeok arae pyojeok chigi 왼메조먹 아래 표적 치기 Unterer Zielschlag mit der linken Hammerfaust. *Wen* 왼 links; *mejumeok* 메조먹 Hammerfaust; *pyojeok* 표 적 Ziel; *chigi* 치 기 Schlag.

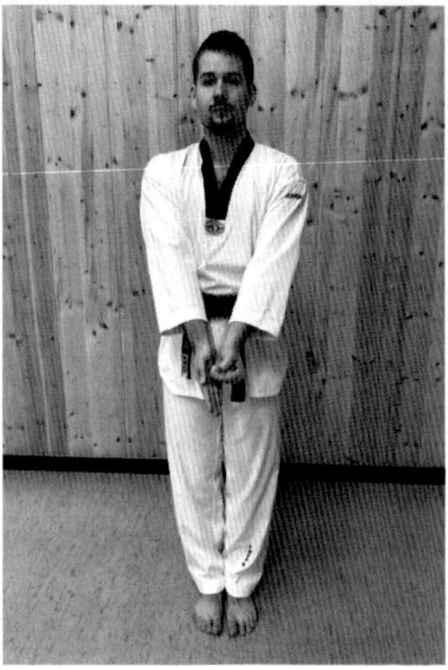

## *Geumgang Pumsae* (10) 금강

*Geumgang* 금 강 Diamant (hanja 金刚 *jīngāng*). Als Einzelzeichen gelesen bedeutet das chinesische Kompositum «die Härte (*gāng*) des Metalls (*jīn*)». *Geumgang* steht symbolisch für extreme Härte, die ein Brechen oder Zerbrechen unmöglich macht. Symbolisch steht Geumgang auch für den schönsten Berg Koreas, den Geumgang san, der das Zentrum des koreanischen Nationalgeistes ist. Das Bewegungsdiagramm zeigt das chinesische Zeichen für Berg 山 *shān*.

Ausgangsposition: Naranhi-Junbi seogi.

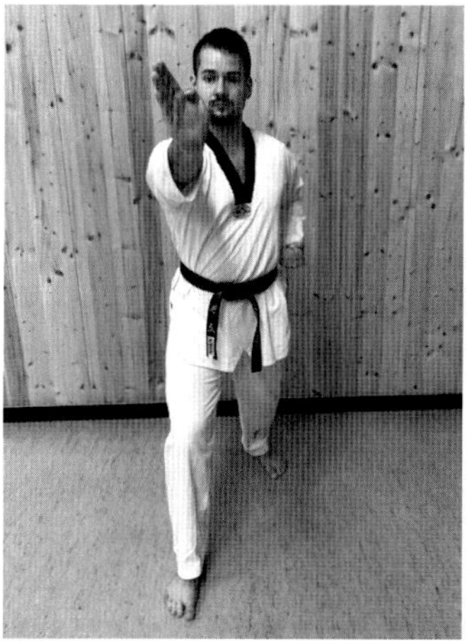

Batangson teok chigi 바탕손 턱 치기 Handballenschlag zum Kinn. *Batangson* 바 탕 손 Handwurzel; *teok* 턱 Kinn; *chigi* 치 기 Schlag.

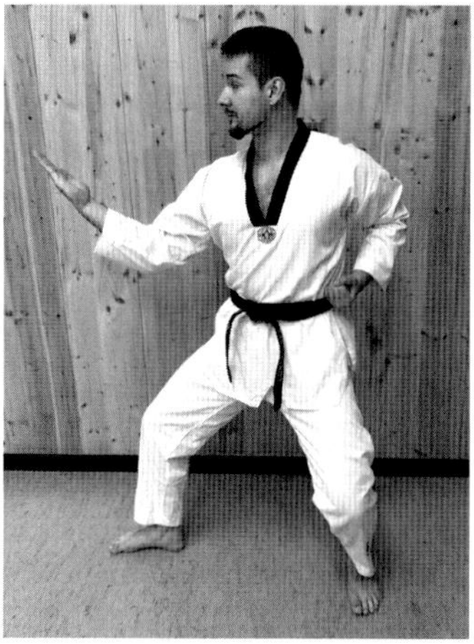

Hansonnal momtong anmakgi 한손날 몸통 안막기 Handkantenblock Höhe Körpermitte nach innen. *Han* 한 eine; *sonnal* 손날 Handkante; *an* 안 innen, das Innere; *makgi* 막기 Abwehr.

Keun doljjeogwi 큰 돌쩌 귀 (sprich: doltschogi) Großes Scharnier. *Keun* 큰 Adj. zum Verb *keuda* 크다 «groß sein»; *doljjeo-gwi* 돌쩌귀 Scharnier. Anm.: Entgegen der weitverbreiteten Meinung, es handle sich bei dieser Technik um einen gedrehten Faustschlag zur Seite, soll die Technik lediglich das «große Scharnier» darstellen. Die ursprüngliche Bedeutung hat keine Veränderung erfahren. Die Form stellt keinen Kampf gegen einen imaginären Gegner dar, sondern sie symbolisiert Kraft und Stärke, daher auch ihr Name und ihr Diagramm «Berg» (山).[10]

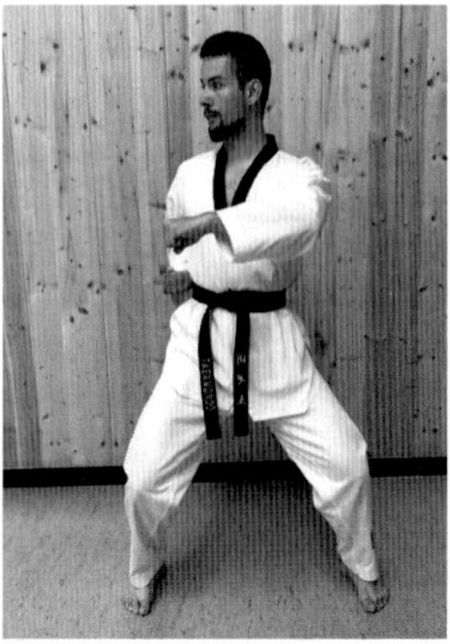

Anpalmok momtong hechyeo makgi 안팔목 몸통 헤쳐 막기 Innerer Unterarm-Sprengblock in Körperhöhe (→ Hansu, Sipjin). *Anpalmok* 안팔목 innerer Unterarm; *hechyeo* 헤쳐, als Verb *hechida* 헤치다 «graben, auseinanderschieben, zerstreuen» (Konverbalform); *makgi* 막 기 Abwehr.

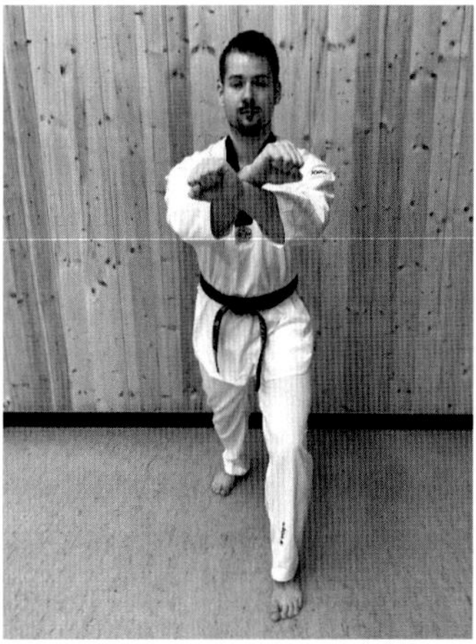

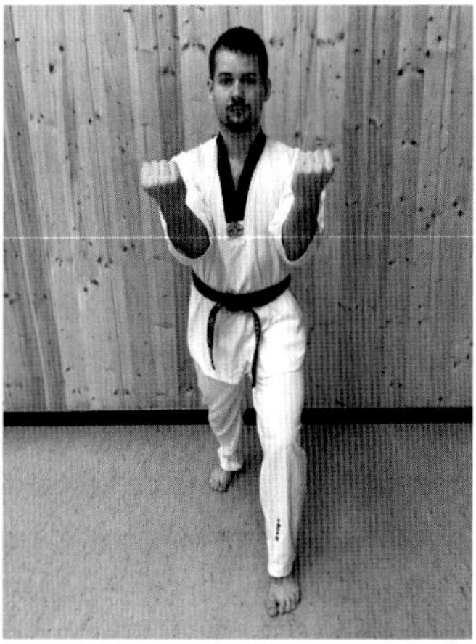

Der Name *Taebaek* spielt auf den Berg Taebaek an, den Berg des legendären Dangun, der hier Korea gegründet haben soll. Das chinesische Zeichen für das Diagramm steht für «Arbeit» (*gōng* 工), welches bildlich auch die Brücke zwischen Himmel und Erde repräsentiert.

Ausgangsposition: Naranhi-Junbi seogi.

SONNAL ARAE HECHYEO MAKGI 손날아래 헤쳐 막기 Handkanten-Spreng-Block n. unten. *Sonnal* 손날 Handkante; *arae* 아래 unten; *hechyeo* 헤쳐, als Verb *hechida* 헤치다 «graben, auseinanderschieben» (Konverbalform); *makgi* 막기 Abwehr.

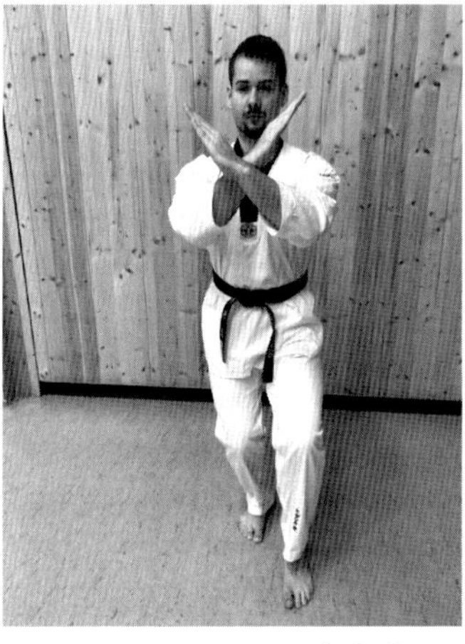

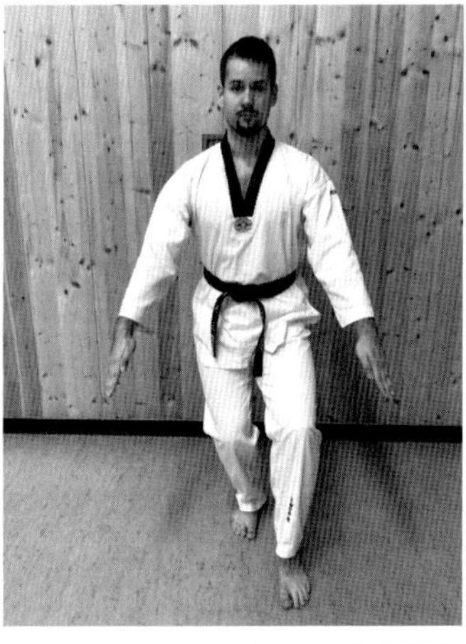

JEBIPUM MOK CHIGI 제비품목 치기 (lange Form: Jebipum sonnal mok chigi) (Handkanten-)Schlag zum Hals in Schwalbenform (→ Taegeuk 4). *Jebi* 제비 Schwalbe; *pum* 품 Form; *mok* 목 Hals; *chigi* 치기 Schlag.

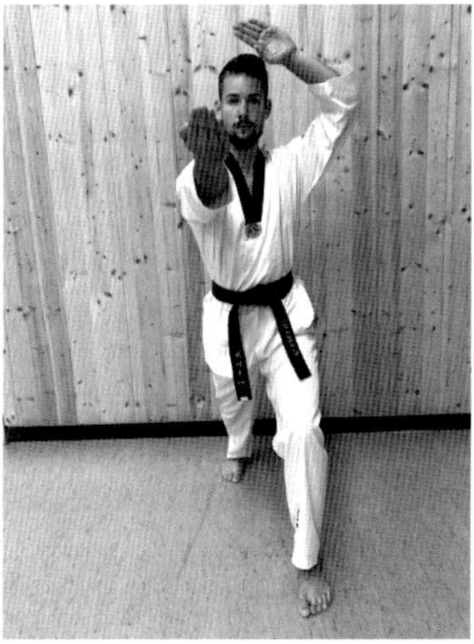

GEUMGANG MOMTONG MAKGI 금강 몸통 막기 Diamantblock zur Mitte. *Geumgang* 금 강 Diamant (hanja 金 刚 *jīngāng*); *momtong* 몸 통 Körper, Rumpf; *makgi* 막 기 Abwehr.

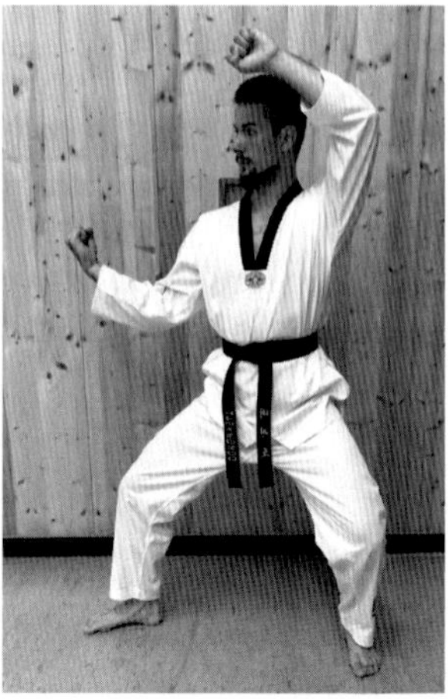

DANGYEO TEOK JIREUGI 당 겨 턱 지 르 기 (alternativ: Dangyeo teok chigi) Schlag/Stoß zum Kinn mit Heranziehen (des Gegners) (→ Taegeuk 8). *Dangyeo* 당 겨 , als Verb *dangkida* 당 기 다 «zu sich ziehen, heranziehen, zupfen» (Konverbalform); *teok* 턱 Kinn; *jireugi* 지 르기 Stoß.

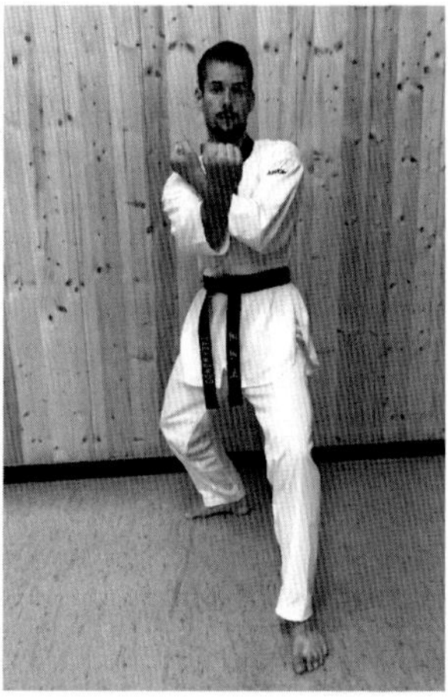

JABHIN SONMOK MITEURO BBAEGI 잡힌 손목 밑으로 빼기 Herausziehen des gefangengenommenen Handgelenks n. unten. *Jabhin* 잡 힌 , als Verb *jabhida* 잡 히 다 «gefangen genommen werden», Adj. mit *-n* ㄴ ; *sonmok* 손목 Handgelenk; *mit* 밑 unten, unterer Teil; *mit-*

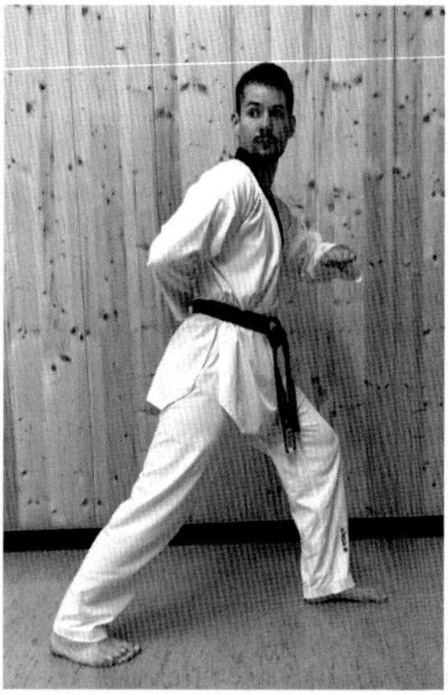

*euro* 밑 으 로 Ablativ richtungsweisend *-ro* 로 , *-eu* 으 euphonisch eingeschoben (*ro* 로 nach Konsonant); *bbaegi* 빼기, als Verb *bbae-naeda* 빼 내 다 «herausziehen» oder *bbaegi hada* 빼 기 하 다 «abziehen»; substantiviert mit *-gi* 기.

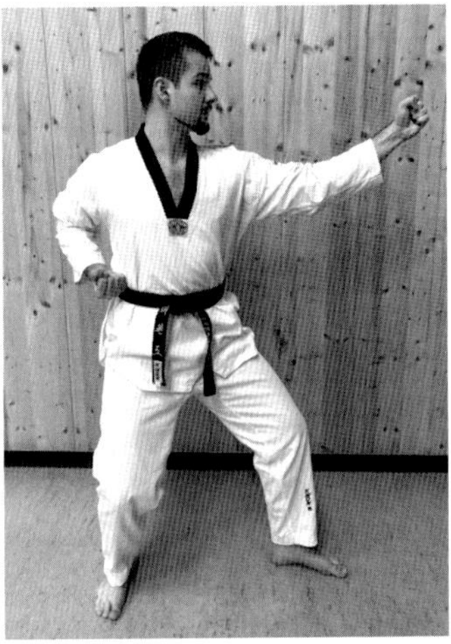

DEUNG JUMEOK EOLGUL YEOP(E) CHIGI 등 주 먹 얼굴 옆(에) 치 기 Seitlicher Faustrückenschlag zum Gesicht. *Deung jumeok* 등 주 먹 Faustrücken; *eolgul* 얼굴 Gesicht; *yeop* 옆 seitlich; -e 에 kann euphonisch eingeschaltet werden; *chigi* 치 기 Schlag.

Anmerkung: Kang Ikpil schreibt «eolgul bakkat chigi», was bedeutet: Die Bewegung geht nach außen. Da sie in Dwitgubi-Stellung erfolgt, wurde hier «yeop» bevorzugt. Aus der *abgubi*-Stellung heraus ausgeführt (→ z. B. Dosan Hyong) geht die Bewegung deutlich nach außen.

## *Pyeongweon Pumsae* (12) 평원

*Pyeongweon* (hanja 平原 *píngyuán*) steht für Ebene, Fläche, Prärie. Das chinesische Zeichen für das Diagramm steht für «eins» (一 *yī*).

Ausgangsposition: Moa seogi Gyeopson.

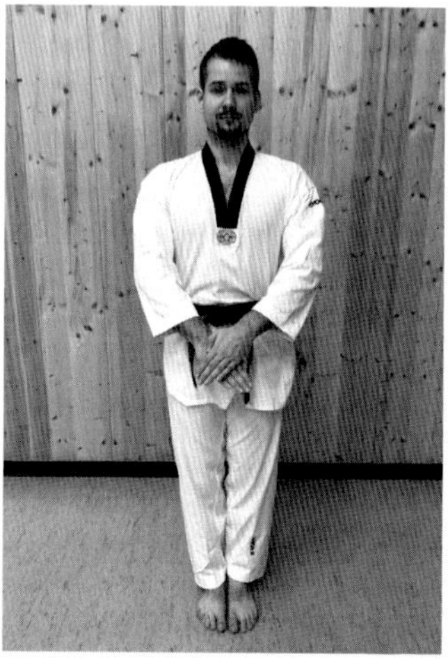

Gyeop son 겹손 Übereinandergelegte Hände. *Gyeop-chyeo-chida* 겹쳐치다 (Verb) «übereinanderliegen» oder *gyeop-chida* 겹 치 다 (Verb) «übereinanderlegen»; *son-eul gyeop-chida* 논 을 겹 치 다 , «die Hände übereinanderschlagen». Abgekürzt *gyeopson* 겹 손 «übereinandergeschlagene Hände». Ausgangsstellung Pyeongweon Pumsae: Moa seogi – Gyeopson.

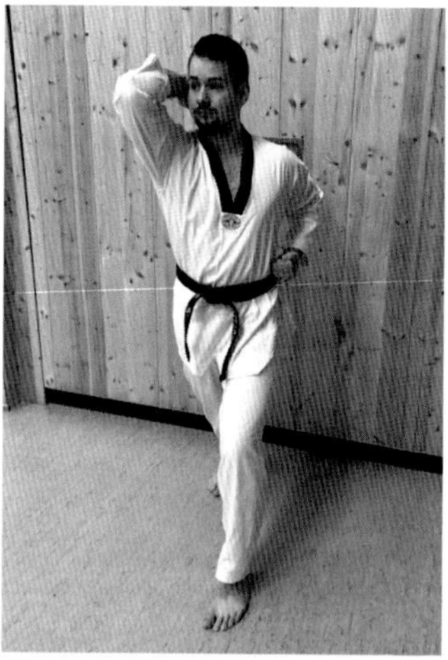

Palgup ollyeo chigi 팔 굽 올려치기 Ellbogenschlag nach oben. *Palgup* 팔 굽 Ellbogen; *ollyeo* 올 려 , als Verb *ollida* 올리다 «aufsteigen, hochgehen»; *chigi* 치기 Schlag.

MEONGE CHIGI 멍에 치기
Doppelellbogenschlag zur Seite (→ Sipjin). *Meong-e* 멍에 Joch, das Bild des Sprengens eines Jochs; *chigi* 치기 Schlag. Technik: Apggoa seogi mong-e chigi.

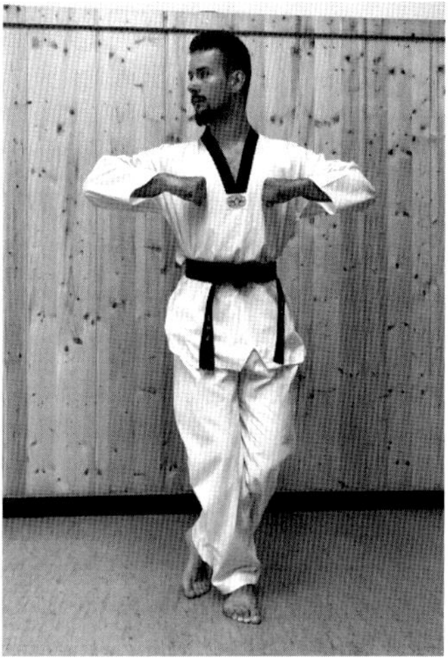

DEUNGJUMEOK DANGYEO TEOK CHIGI 등주먹 당여 턱치기 Faustrückenschlag zum Kinn mit Heranziehen (des Gegners). *Deung jumeok* 등 조 먹 Faustrücken; *dang-ki-da* 당 기 다 (Verb) «zu sich ziehen, heranziehen, zupfen» (Konverbalform); *teok* 턱 Kinn; *chigi* 치기 Schlag.

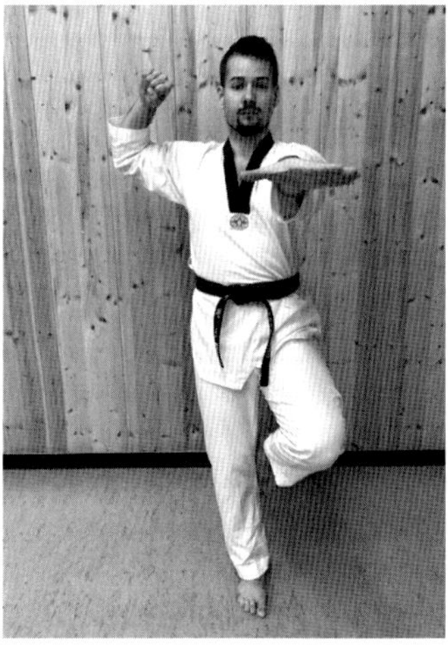

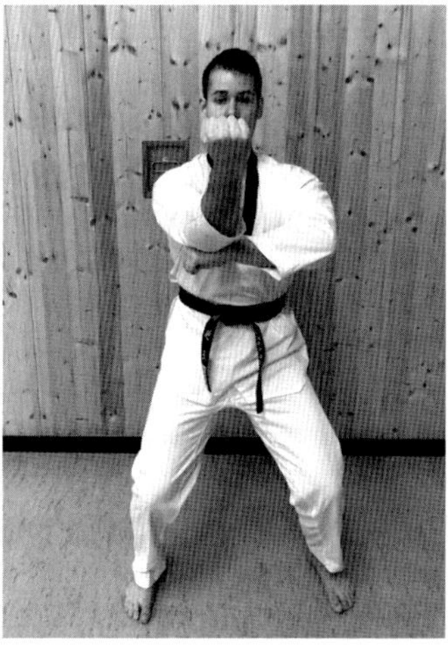

Eolgul geodeureo yeonmakgi 얼굴거들어 옆막기 Seitlicher Hilfsblock in Gesichtshöhe. *Eolgul* 얼굴 Gesicht; *geodeureo* 거들어 , als Verb *geodeulda* 거들다 «helfen» (Konverbalform); *yeop* 옆 seitlich; *makgi* 막기 Abwehr.

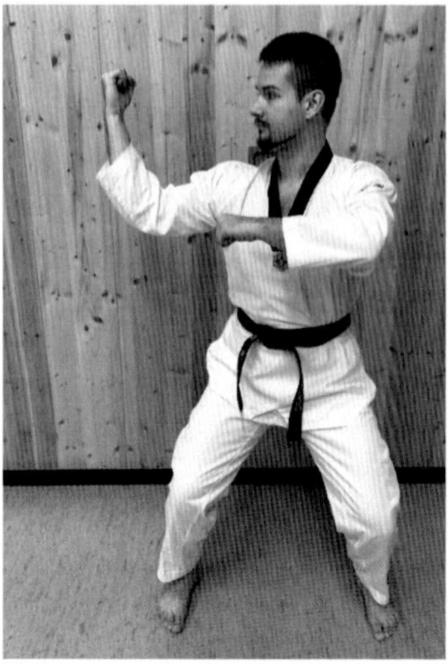

Momdollyeo yeopchago sonnal (momtong yeon)[II] makgi 몸돌려옆차고손날몸통옆막기 Um die Körperachse gedrehter Seitkick mit seitlichem Handkantenblock. *Mom* 몸 Körper; *dollyeo* 돌려 , als Verb *dollida* 돌리다 «drehen, herumdrehen», Konverbalform; *yeopchago* 옆-차고 *yeopchagi* 옆차기 «Seitwärtstritt» plus (*-go* 고); *sonnal* 손날 Handkante; *momtong* 몸통 Körper, Rumpf; *yeonmakgi* 옆막기 Seitabwehr. Technikfolge: Apchago momdollyeo yeopchago sonnal (momtong yeon)makgi.

Hechyeo santeul makgi 헤쳐 산틀막기 Bergblock mit Aufzug über Kreuz (→ Sipjin). *Hechyeo* 헤쳐, als Verb *he-chida* 헤치다 «graben, auseinanderschieben, zerstreuen» (Konverbalform); *santeul* 산틀: *san* 산 (hanja 山 *shān*) Berg; *teul* 틀 Modell, Muster; *makgi* 막기 Abwehr.

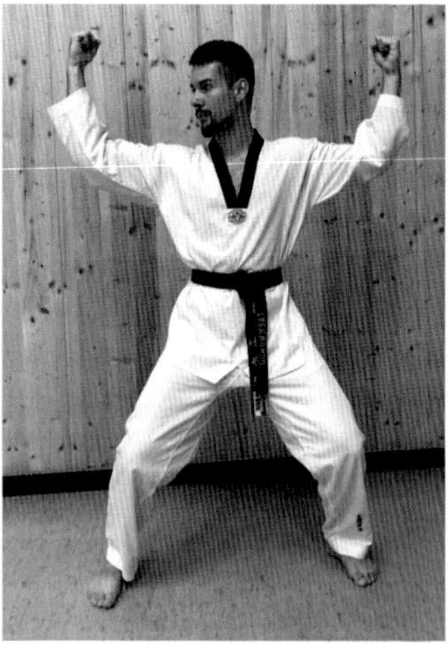

Geumgang makgi 금강막기

Diamantabwehr. *Geumgang* 금강 Riesenkraft, Kraft eines Diamanten; *geumgang san* (hanja 金刚山 *jīngāng shān*) «Diamantgebirge»; *makgi* 막기 Abwehr.

Anmerkung: *Geumgang makgi* besteht immer aus zwei gleichzeitig ausgeführten Abwehrtechniken. (s. o. «Doppelblocks»).

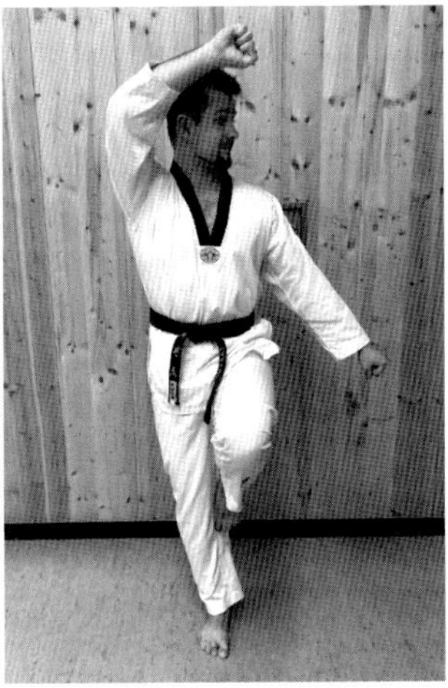

## *Sipjin Pumsae* (13) 십진

*Sip* (sinokoreanisch) steht für die Zahl 10. *Jin* steht entweder für die Position, Formation (hanja 陈 *chén*) oder auch den Drachen, das fünfte der Tierkreiszeichen. Das Diagramm beschreibt ebenfalls die Zahl zehn 十, die höchste und letzte der vollendenden Zahlen. Sie steht für die Ewigkeit.

Ausgangsposition: Naranhi-Junbi seogi.

Hwangso makgi 황소 막기

Bullenabwehr. *Hwang so* 황소 Bulle; *makgi* 막기 Abwehr.

Anmerkung: Die Abwehr mit beiden angewinkelten Armen über dem Kopf vermittelt das Bild von Bullenhörnern. Die Ausführung ähnelt einem beidseitigen Eolgul makgi.

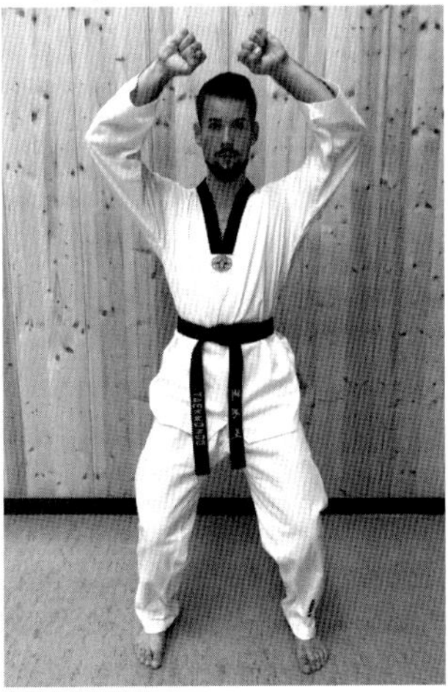

Sonbadak momtong geodeureo bakkat makgi 손바닥 몸통거들어바깥막기 Handflächen-Hilfsblock in Körperhöhe. *Sonbadak* 손바닥 Handfläche; *son* 손 «Hand»; *badak* 바닥 «Grund, Boden»; *momtong* 몸통 Körper, Rumpf; *geodeureo* 거들어, als Verb *geo-deul-da* 거들다 «helfen», Hilfs-; *bakkat* 바깥 außen; *makgi* 막기 Abwehr.

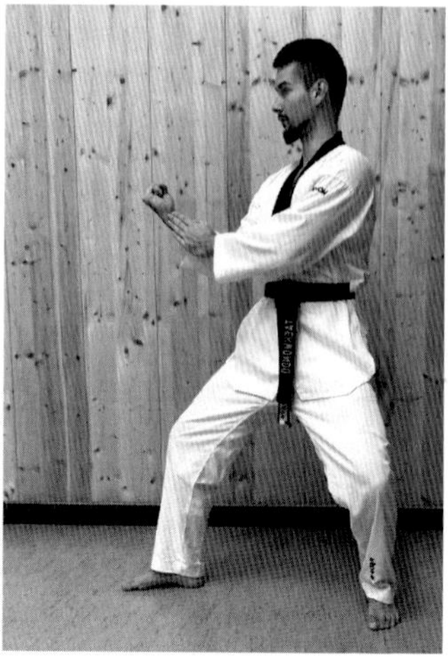

Pyeonsonggeut eopeo jjireugi 편손끝엎어찌르기 Stechen mit den Fingerspitzen (der gestreckten Hand) mit der Handfläche nach unten. *Pyeon songgeut* 편논끝 Fingerspitzen; *eop-eo* 엎어, als Verb *eopda* 엎다 «umkehren, auf den Kopf stellen» (Konverbalform). Angriffsziele: Augen, Hals, Solarplexus.

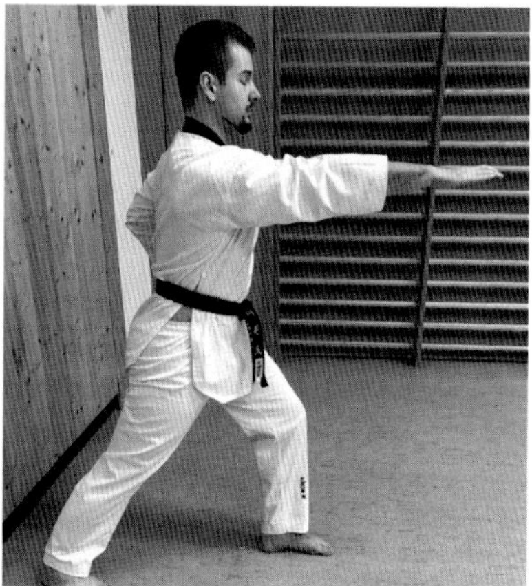

Hechyeo santeul makgi (→ Pyeongweon )

Bawi milgi 바위밀기 Schieben des Felses → beidhändiges Schieben des Gegners. *Bawi* 바위 Fels; *milgi* 밀기, als Verb *milda* 밀다 «stoßen, schieben», substantiviert mit *-gi* 기 (Verbalnomen).

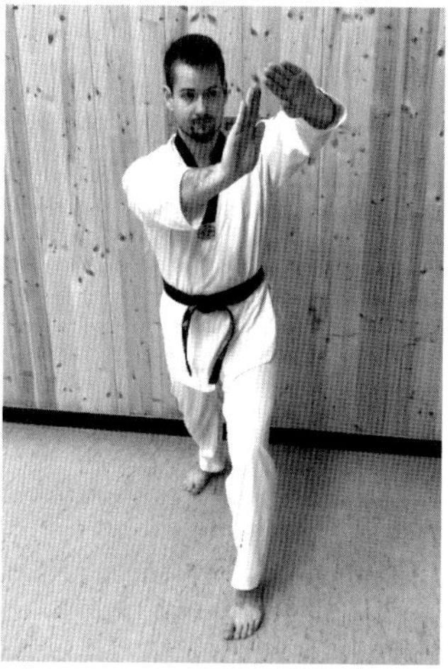

Sonnaldeung momtong hechyeo makgi 손날등 몸통헤쳐막기 Sprengblock mit den Innenhandkanten zur Körpermitte. *Sonnal deung* 손날등 Innenhandkante; *sonnal* 손날 «Handkante», *deung* 등 «Rücken»; *momtong* 몸통 Rumpf, Körper; *hechyeo* 헤쳐, als Verb *hechi-da* 헤치다 «graben, auseinanderschieben» (Konverbalform); *makgi* 막기 Abwehr.

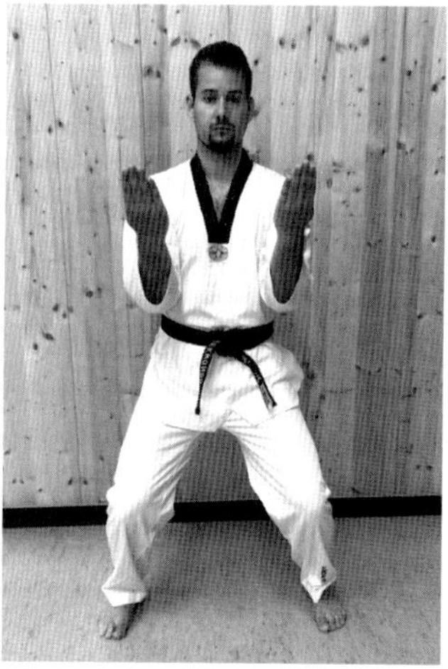

Ggeulleo olligi 끌어올리기 Aushebeblock n. oben. *Ggeul-da* 끌다 (Verb) «ziehen, heranziehen» (Konverbalform); *ol-lida* 올리다 (Verb) «hochgehen, erheben», substantiviert mit *-gi* 기 (Verbalnomen).

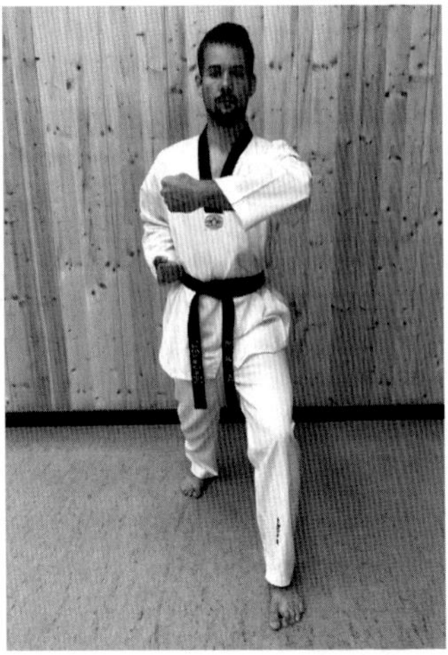

Sonnal arae eotgoreo makgi 손날 아래 얻걸어 막기 Handkantenkreuzblock n. unten. *Sonnal* 손날 Handkante; *arae* 아래 unten; *eot-geor-eo* 얻걸어 : *eod-geol-da* 엇걸다 «in eine schräge Schlinge legen» (Konverbalform); ähnlich: *eotgallida* 엇갈리다 «sich kreuzen»; *makgi* 막기 Abwehr.

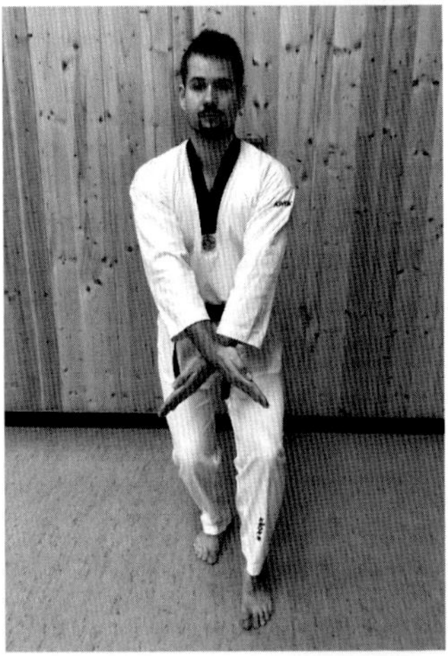

Sonnaldeung momtong yeonmakgi 손날등 몸통 옆막기 Seitlicher Bock mit der Innenhandkante. *Sonnal* 손날 Handkante; *deung* 등 Rücken; *momtong* 몸통 Körper, Rumpf; *yeop* 옆 seitlich; *makgi* 막기 Abwehr.

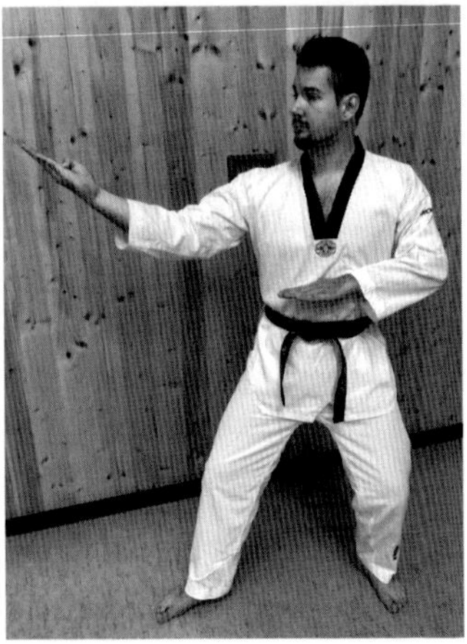

Cheddari jireugi 쳇 다 리 지르기 Siebrahmen-Fauststoß. *Ched* 쳇 Abkürzung von *chedbagwi* 쳇 바 귀 «Siebrahmen»; *dari* 다 리 Bein; *jireugi* 지 르 기 Fauststoß (→ Grundtechniken Angriff).

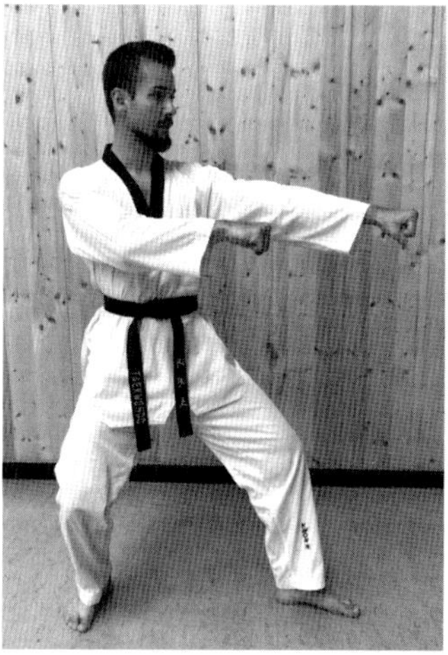

## *Jitae Pumsae* (14) 지태

*Jitae* steht für die Erde; *ji* (hanja 地 *de*) Erde, *tae* (hanja 态 *tài*), Aussehen, Form. Das chinesische Zeichen des Diagramms bedeutet «oben» (上 *shàng*) und deutet an, dass der Mensch fest auf der Erde steht und den Blick nach oben richtet.

Ausgangspotition: Naranhi-Junbi seogi

ARAEMAKGO SONNAL EOLGUL MAKGI 아래막고 손 날얼굴막기 Untere Abwehr mit Handkantenabwehr zum Gesicht. *Arae* 아래 unten; *makgi* 막기 Abwehr; *sonnal* 손날 Handkante; *eolgul makgi* 얼굴막 기 Abwehr in Gesichts- oder Kopfhöhe.

GEUMGANG APJIREUGI 금 강 앞지르기 Diamant-Fauststoß nach vorn. *Geumgang* 금강 Diamant (hanja 金刚 *jīngāng*); *ap* 앞 vorn; *jireugi* 지르기 Stoß.

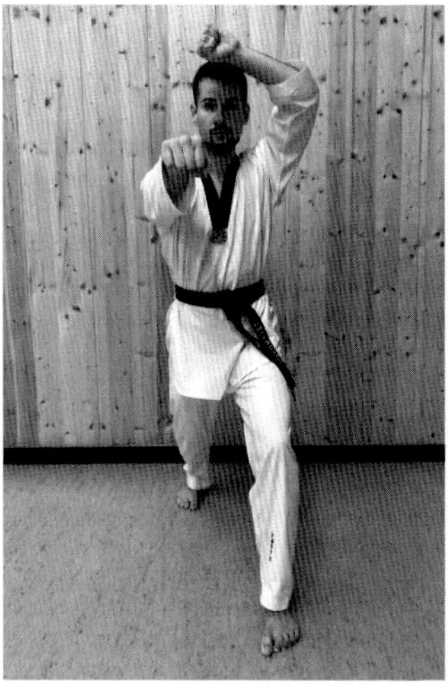

MOMTONG ANMAKGO MOMTONG GEODEUREO MAKGI 몸통안막고몸통거들어 막기 Abwehr nach innen in Körperhöhe mit Hilfsblock in Körperhöhe. *Momtong* 몸통 Körper, Rumpf; *anmakgi* 안막기 Abwehr nach innen (plus -go 고); *geo-deur-eo* 거 들 어 Hilfs-; *geo-deul-da* (Verb) 거 들 다 «helfen» (Konverbalform); *makgi* 막 기 Abwehr.

HWANGSO MAKGI 황소 막기 Bullenblock (→ Sipjin)

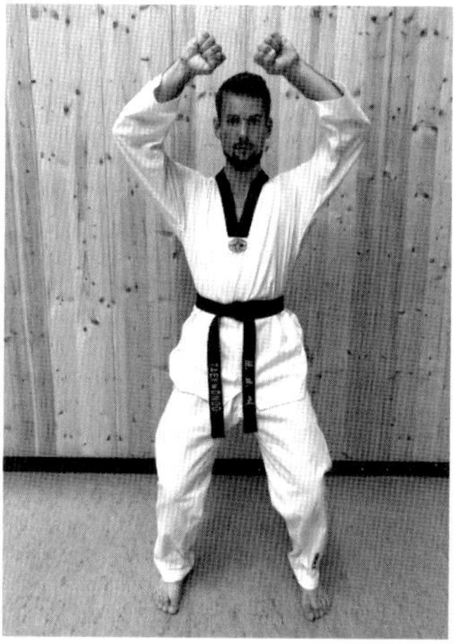

WEDARI ARAE YEONMAKGI 외다리 아래 옆막기 Seitliche untere Abwehr, untere Abwehr zur Seite auf einem Bein stehend. *Wedari* 외다리 einbeinig; *arae* 아래 unten; *yeonmakgi* 옆막기 seitliche Abwehr. Technik insgesamt: Hagdari seogi, arae yeonmakgi.

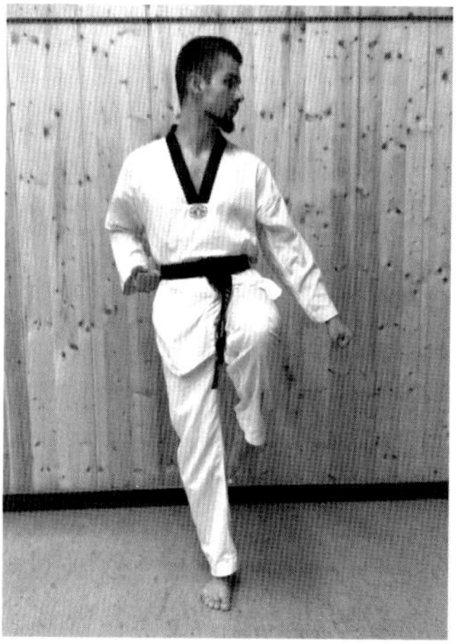

JAGEUN DOLJJEOGWI 작은 돌쩌귀 Kleines Scharnier (→ Taegeuk 5). *Jageun*: Adj. zu *jagda* 작 다 «klein sein»; *doljjeogwi* 돌쩌귀 Scharnier.

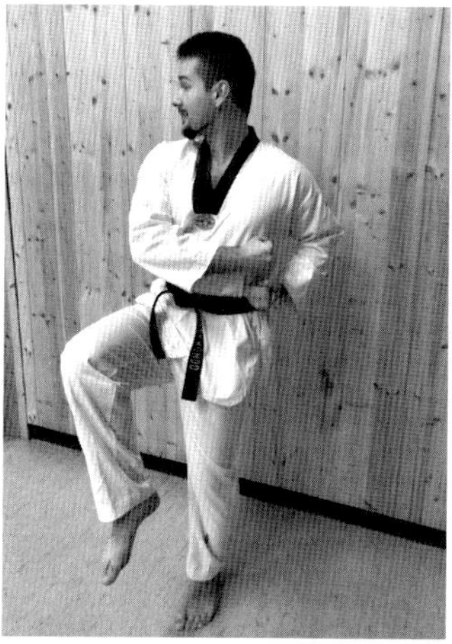

Mejumeok pyojeok chigi 메주먹표적치기 Hammerfaustschlag zum Ziel. *Mejumeok* 메주목 Hammerfaust; *pyojeok* 표적 Ziel; *chigi* 치기 Schlag.

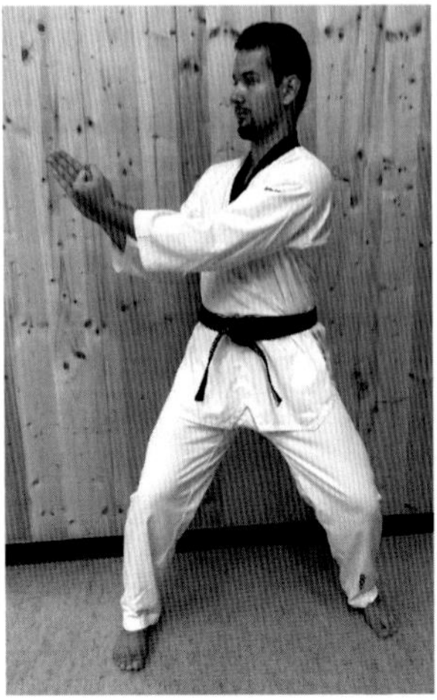

*Cheonggweon Pumsae* 청권 (15)

*Cheongwon* steht für den Himmel, der von unten mit Respekt betrachtet wird. *Cheon*, Himmel (hanja 天 *tiān*), *kwon* Sphäre (hanja 圈 *quān*). Das Zeichen des Diagramms ergibt das chinesische Zeichen *xià* 下, «unten» oder «absteigen». Das himmlische Qi steigt Richtung Erde ab.

Ausgangsposition: Moa seogi gyeopson.

Gyeopson 겹 손 «Übereinandergelegte Hände» (→ Pyeongweon, Hansu). *Gyeop-chida* 겹 치 다 (Verb) «übereinanderlegen», *soneul gyeopchida* 손 을 겹 치 다 «die Hände übereinanderschlagen».

Ausgangsstellung: Moaseogi – Gyeopson.

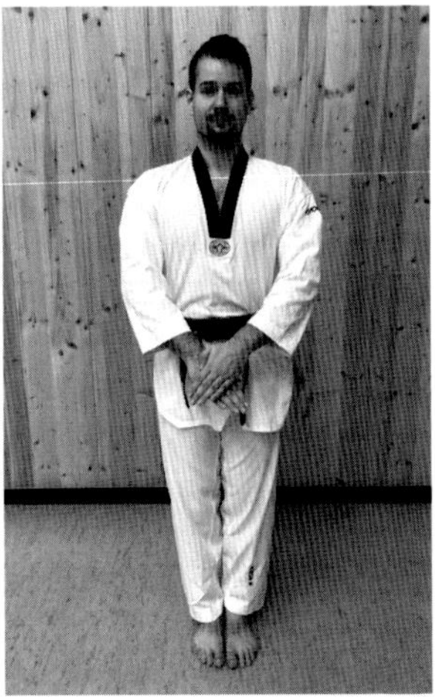

Nalgae pyeogi 날개 펴기 «Die Flügel ausbreiten». *Nalda* 날 다 (Verb) «fliegen», als Substantiv *nalgae* 날 개 «Flügel»; *pyeoda* 펴 다 «ausbreiten», substantiviert mit *-gi* 기 «das Ausbreiten der Flügel».

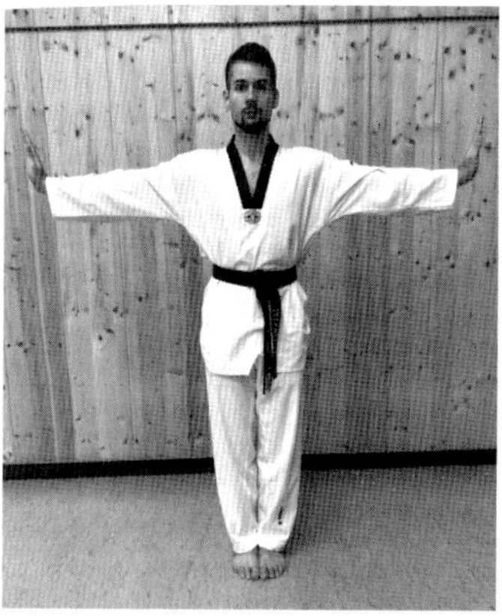

Sonnal eolgul hechyeo makgi 손날 얼굴 헤쳐 막기 Zerstreuende Abwehr mit der Handkante in Gesichtshöhe. *Sonnal* 손 날 Handkante; *eolgul* 얼굴 Gesicht; *hechyeo* 헤 쳐, als Verb *hechida* 헤치다, «graben, auseinanderschieben, zerstreuen» (Konverbalform); *makgi* 막 기 Abwehr.

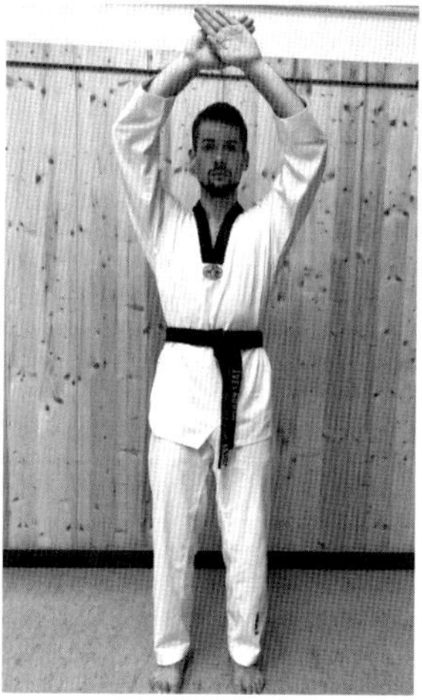

Soseum jireugi 솟음 지르 기 Fauststoß mit hervorspringenden (Knöcheln). *Soseum* 솟 음, als Verb *sos-da* 솟 다 «hervorspringen, quellen, herausspringen», Namensgeber für *soseum jumeok* 솟 음 주 먹 «Springfaust». Technik: Beomseogi Soseum jireugi.

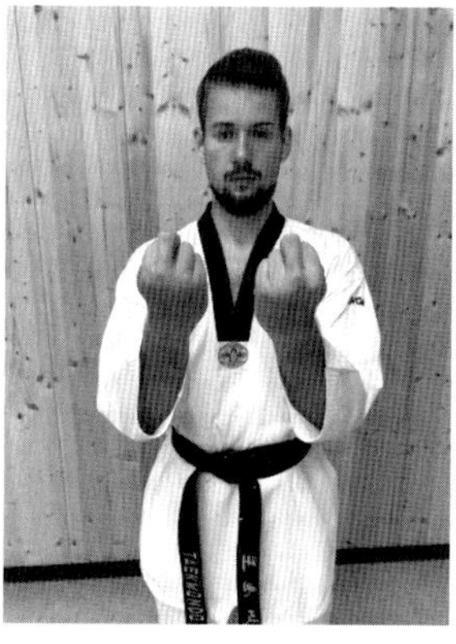

Biteureo makgi 비틀어 막기 (→ Taegeuk 6, Grundtechniken, Handtechniken Abwehr) Dreh-Abwehr. *Biteul-da* 비틀다 (Verb) «verdrehen, verzerren (Konverbalform), *bi-teur-eo* 비틀어 «drehend etwas tun»; ähnlich *bi-teur-eo-chida* 비틀어 치다, «sich verbiegen, verdreht werden».

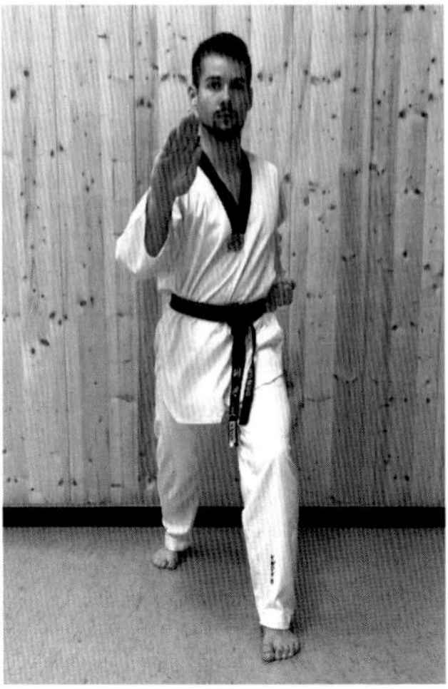

Momtong yeop jireugi[12] 몸통 옆 지르기 Seitlicher Fauststoß zum Körper (→ Grundtechniken Handtechniken Angriff). *Momtong* 몸통 Rumpf, Mitte; *yeop* 옆 seitlich; *jireugi* 지르기 Stoß.

Anpalmok momtong biteureo makgi 안팔목 몸통 비틀어 막기 Drehabwehr in Körperhöhe mit dem inneren Unterarm. *Anpalmok* 안팔목 innerer Unterarm; *momtong* 몸 통 Körper, Rumpf; *biteureo makgi* 비들어 막기 Dreh-Abwehr.
Technikfolge: Apalmok momtong biteureo makgo momtong bandae jireugi.

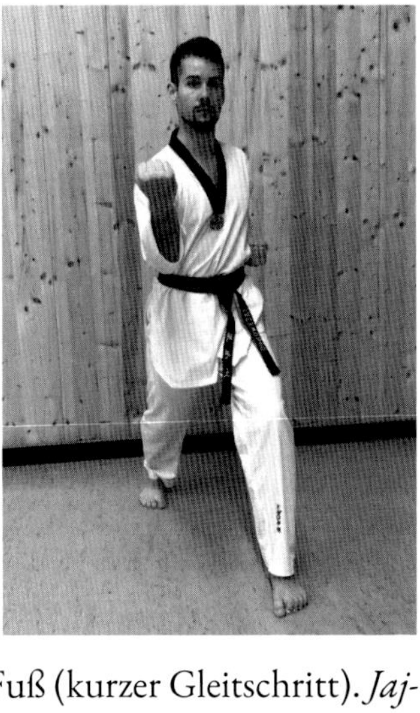

Jajeun bal 잦은 발 Gleitender Fuß (kurzer Gleitschritt). *Jaj-da* 잦다 (Verb) wiederholt sein, häufig sein; *-eun* 은 Partizip Präsens; *bal* 발 Fuß.

ANPALMOK YEONMAKGO[13] ARAE GEODEUREO MAKGI 안 팔목 옆막고 아래 거들어 막기 Seitliche Abwehr mit dem inneren Unterarm mit unterer Hilfsabwehr. *Anpalmok* 안팔목 innerer Unterarm; *Yeonmakgi* 옆 막 기 seitliche Abwehr plus (-go 고); *arae* 아 래 unten; *geo-deur-eo* 거 들 어 Hilfs-, als Verb *geo-deul-da* 거 들 다 «helfen» (Konverbalform); *makgi* 막기: Abwehr

DDWIEO PYOJEOK CHAGO GEUMGANG YEOPJIREUGI 뛰어 표차고 금강 옆지르기 Gesprungener Zieltritt mit Diamant-Seitwärts-Fauststoß. *Ddwieo* 뛰 어, als Verb *ddwida* 뛰다 «springen» (Konverbalform) (Grundtechniken Fußtechniken); *pyojeok* 표 적 Ziel; *chagi* 차 기 Tritt; *geumgang* 금 강 Diamant, Riesenkraft, Kraft eines Diamanten, die Kraft drückt sich in der Doppeltechnik Abwehr-Angriff aus; *Yeop jireugi* 옆지르기 seitlicher Fauststoß.

SONNAL WESANTEUL MAKGI 손 날 외 산 틀 막 기 Einfacher Bergblock mit Handkante. *We* 외 einfach; *santeul* 산 틀 Form eines Berges.
Anmerkung: Nur ein Teil des Schriftzeichens für Berg 山 ist in der Technik dargestellt.

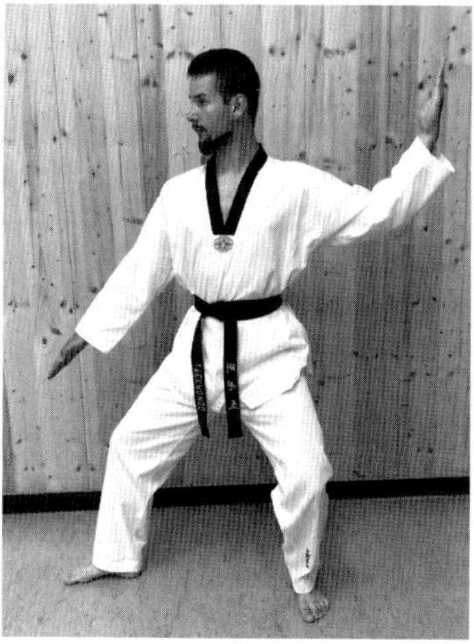

Taesan milgi 태산 밀기 Schieben des Riesenberges. *Taesan* 태 산 (hanja 泰 山 *tàishān*) «großer Berg»; *milda* 밀 다 schieben, stoßen, substantiviert mit *-gi* 기 , ähnlich *milchida* 밀치다 stoßen, schieben. Endposition: Wen beomseogi taesan milgi.

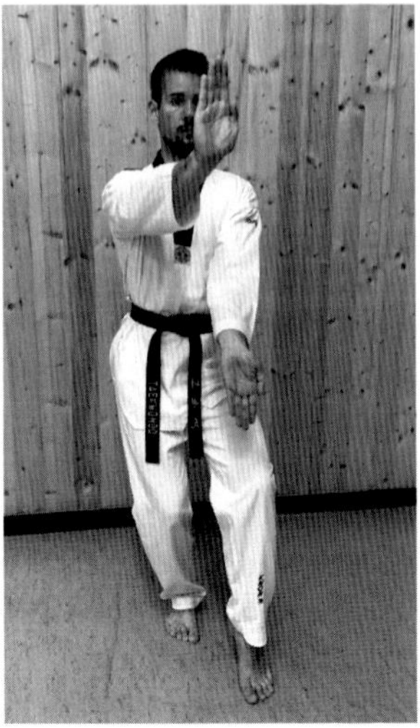

## *Hansu Pumsae* 한수 (16)

Hansu steht für Wasser. *Han* 한 «ganz, vollständig, höchst», *su* 수 (hanja 水 *shuǐ*) «Wasser». Das Diagramm ergibt das chinesische Schriftzeichen für Wasser, 水 *shuǐ*.

Ausgangsposition: Moa seogi Gyeopson.

SONNALDEUNG MOMTONG HECHYEO MAKGI 손날등 몸통 헤쳐 막기 Kreuzblock mit der Handinnenkante (→ Sipjin). *Sonnal-deung* 손 날 등 Handinnenkante; *momtong* 몸통 Rumpf, Körper; *hechyeo makgi* 헤쳐 막기 Doppelkreuzblock mit Schub nach außen; *he-chi-da* 헤 치 다 (Verb) «graben, auseinanderschieben, zerstreuen», Konverbalform; «Hechyeo» in der Militärsprache bedeutet «wegtreten!».

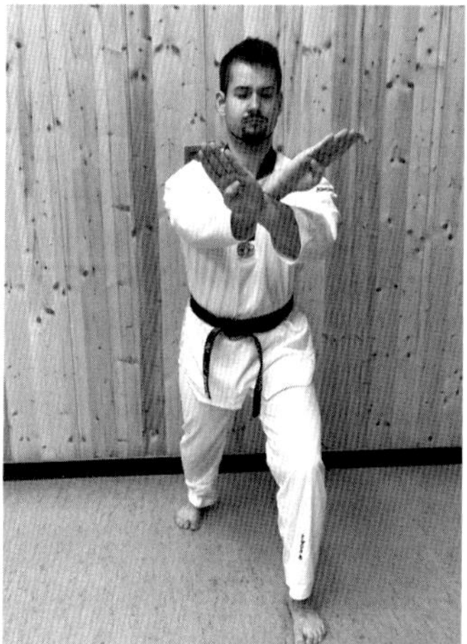

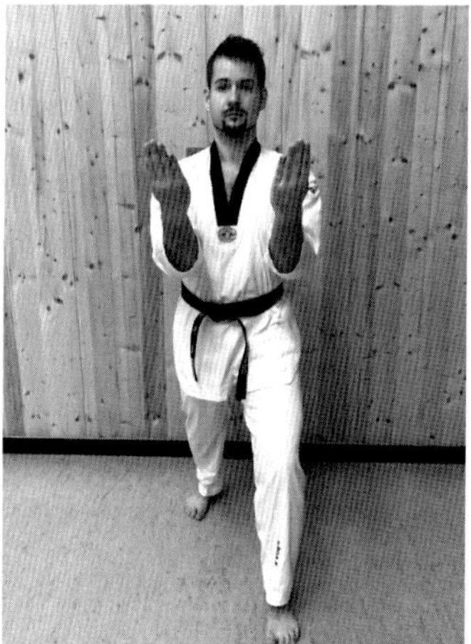

Dumejumeok yeopguri chigi 두메주먹옆구리치기 Flankenschlag mit Doppel-Hammerfaust. *Du* 두 zwei, doppelt; *mejumeok* 메 주 먹 Hammerfaust, gesamt: Doppel-Hammerfaust; *yeopguri* 옆구리 Seite, Flanke; *chigi* 치기 Schlag.

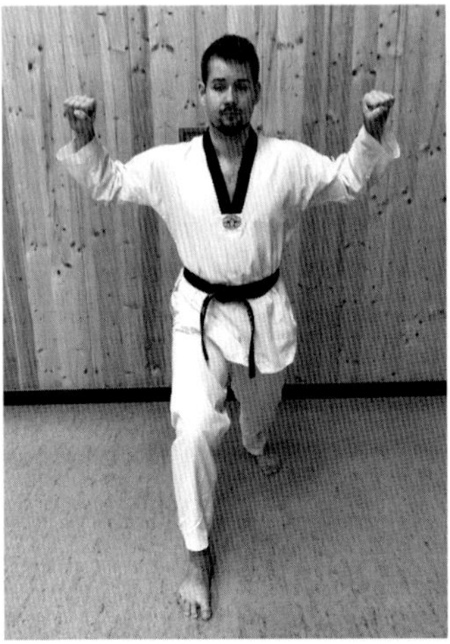

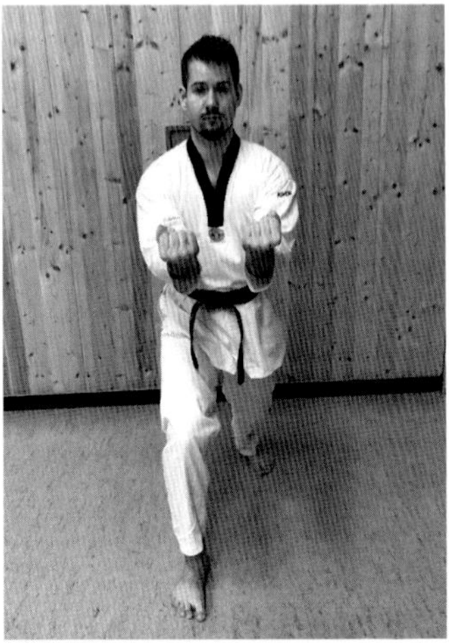

Wesanteul makgo momtong baro jireugi 외 산 틀 막고 몸통 바로지르기 Einfach-Bergblock mit gleichseitigem Fauststoß. *We* 외 einzeln; *santeul* 산틀 Form des Berges; *makgo* 막 고 Abwehr und ...; *momtong* 몸 통 Körper, Rumpf; *baro jireugi* 바로지르기 gleichseitiger Fauststoß.

Geodeureo kaljaebi 거들어칼재 비 Messerhand mit Unterstützung. *Geo-deur-o* 거들어, als Verb *geo-deul-da* 거 들 다 «helfen» (Konverbalform). Anm.: Die Hand aus nullo makgi bleibt als Unterstützung stehen. *Kal-jebi* 칼 채 비 Messer-(Block) in Bogenform; alternativ *aguison mok chigi*. Technik: Nulleo makgo geodeureo kaljaebi.

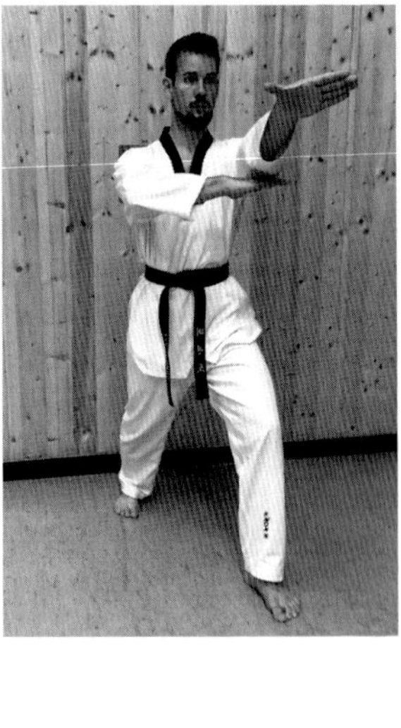

Gyeotdari seogi dujumeok jeochyeo jireugi 곁다리 서기 두주먹젖혀 지르 기 Stellung nahe beieinanderstehender Beine, gedrehter Doppelfauststoß. *Gyeot* 곁 nah anliegend; *dari* 다 리 Bein; *jeocheo* 젖 혀 (sprich: dschetscho), als Verb *jeo-chida* 젖 히 다 «sich zurückbeugen», «umdrehen» (Konverbalform) (Anmerkung: Die Faust wird umgedreht, um ins Ziel zu stoßen.); *du* 두 doppelt; *dujumeok* 두주먹 Doppelfaust.

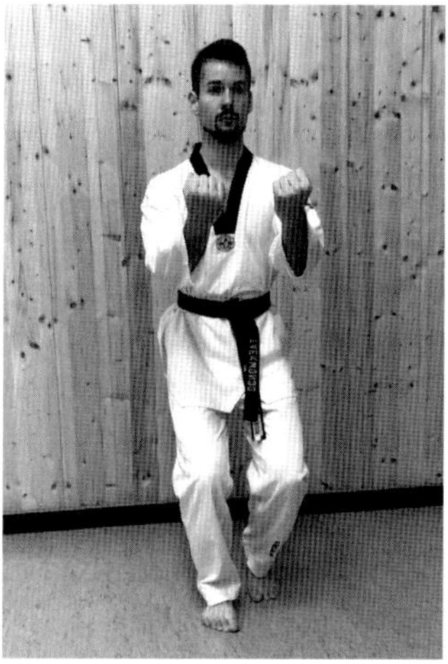

Pyojeok arae makgi 표적 아 래 막 기 Unterer Zielblock. *Pyojeok* 표 적 Ziel; *arae* 아 래 unten; *makgi* 막 기 Abwehr.

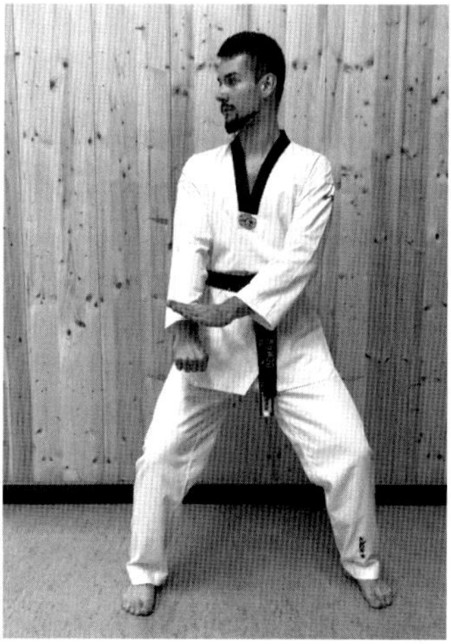

Sonnal geumgang makgi 손날 금강 막기 Handkanten-Diamant-Block. *Sonnal* 손날 Handkante; *geumgang* 금강 Diamant; *makgi* 막기 Abwehr.

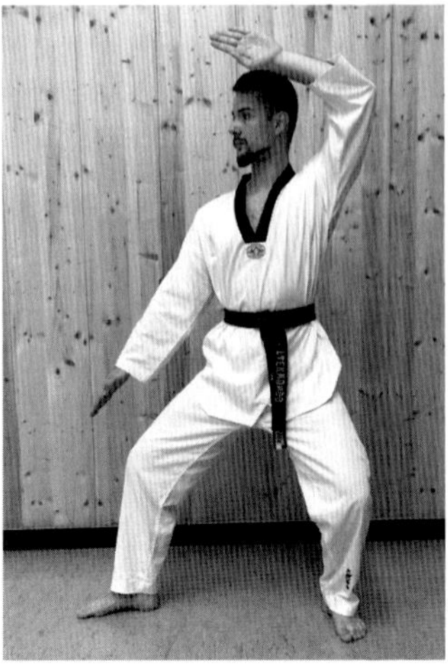

## *Ilyeo Pumsae* (17) 일여

*Ilyeo* steht im buddhistischen Glauben für das Verschmelzen von Körper und Geist. Das Diagramm ergibt die Swastika 卍, das Symbol des buddistisch erleuchteten Menschen.

Ausgangsposition: Moaseogi, Bojumeok (→ Taegeuk 7)

Ogeum seogi, pyeonsonggeut sewo jjireugi 오금 서기 편손끝 세워 찌르 기 Gebeugte Einbeinstellung mit Fußrist in der Kniekehle ruhend, Fingerspitzenstich. *Ogeum* 오 금 Innenkante des Knies oder Ellbogens; *ogeud-hada* (Verb) «ein bisschen gekrümmt sein». Stellung: Der Fußrist des einen Beines liegt in der leicht gebeugten Kniekehle

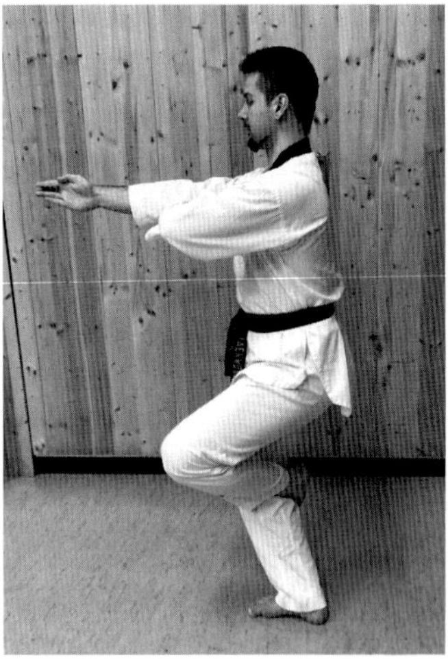

des Standbeines (→ Grundstellungen). *Pyeonsongeut* 편손끝 (Angriff mit) aufgestellten Fingerspitzen; *pyeon* 편 Formation, Verband (hanja 编 *biān*); auch *pyeondae* 편대, «Formation,» (hanja 编隧 *biānsuì*) (→ 2.4 Handtechniken Angriff); *jjireu-gi* 찌르기 Stich, als Verb *jjireu-da* 찌르다 «stechen».

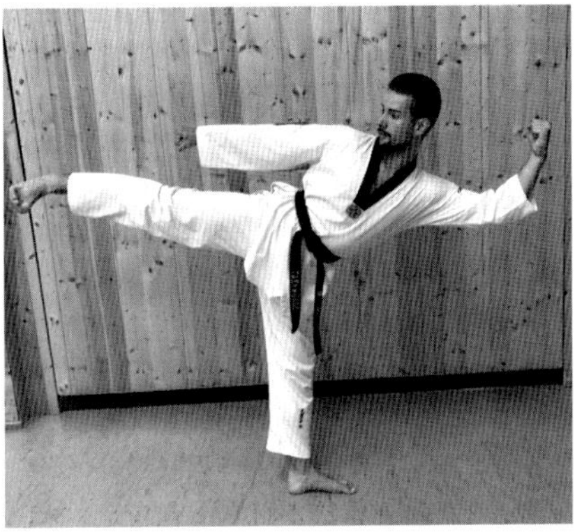

WEDARI GEUMGANG MAKGI 외다리 금강 막기 Diamantblock auf einem Bein. *We* 외 einzeln; *dari* 다리 Bein; *geumgang* 금강 Diamant; *makgi* 막기 Abwehr.

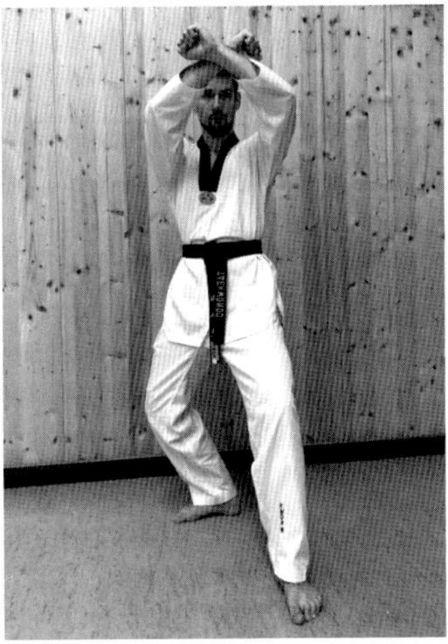

EOTGEOREO EOLGUL MAKGI 언걸어얼굴 막기 (→ 2.4 Handtechniken Abwehr) Kreuzblock auf Gesichtshöhe. *Eotgeoreo* 언걸어: *odgeolda* 엇걸다 «in eine schräge Schlinge legen» (Konverbalform); ähnlich: *eotgallida* 엇갈리다 «sich kreuzen». *Eolgul* 얼굴 Gesicht; *makgi* 막기 Block, Abwehr. Kombinationen in Ilyeo: Wedari geumgang makgo eotgeoreo eolgul makgi, Apchago dduieoyeopchago eotgeoreo eolgul makgi.

Dujumeok heori moa seogi 두주먹 허리 모아 서기 Beide Fäuste an der Taille in geschlossener Stellung. *Du* 두 zwei, doppelt; *jumeok* 주 먹 Faust; *heori* 허 리 Lende, Hüfte; *moaseogi* 모 아 서 기 geschlossene Beinstellung; *moda* 모 다 , *moeuda* 모 으 다 «sammeln, versammeln, konzentrieren» (Konverbalform).

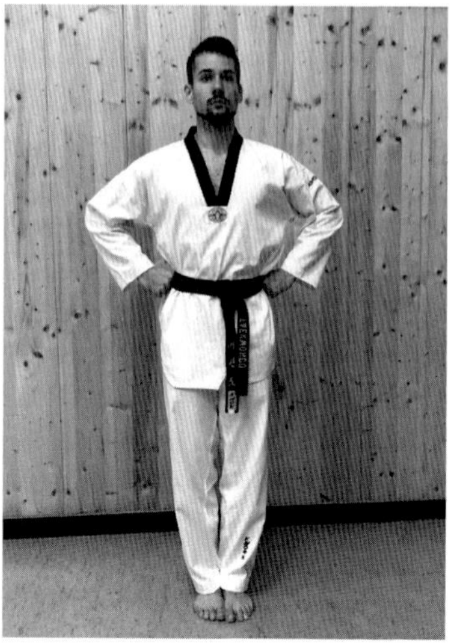

Apchago ddwieo yeopchago eolgul eotgeoreo makgi 앞차고뛰어옆차고 얼굴 엇걸어 막기 (Kombination aus) Vorwärtstritt, Sprung-Seitwärtstritt, Kreuzblock auf Gesichtshöhe.

Charyeo 차려 Achtung! (Befehl z.B. beim Militär).

Gyeongye 경 례 «Begrüßung, Gruß, Verbeugung», hanja 敬礼 *jìnglǐ*.

Jumi (Junbi) 준 비 «Vorbereiten!» Imperativform des Verbs *jumi (junbi) hada* 준비하다 «vorbereiten».

Sijak 시 작 Anfangen! Imperativform des Verbs *sijak hada* 시작하다.

Sigan 시 간 Zeit! Aufforderung zum Anhalten der Kampfzeit, hanja 时间 *shíjiān*, «Zeit».

Geuman 그만 «Stop, Aufhören». Imperativ zum Verb *geuman hada* 그만-하다 «aufhören».

Joau hyangu 좌 우 향 우 «Gegenüber», eigentlich: «von Angesicht zu Angesicht», hanja 左右向右 (*zuǒyòu xiàng yòu)*. Aufforderung an die Kämpfer, sich nach Kampfende zum Gruß einander zuzuwenden.

Swiyeo 쉬 엇 (sprich: Shyo), als Verb *swida* 쉬 다 «den Körper ruhen lassen, sich ausruhen, erholen». Militärisch: «pyeonhi swiyeo» 편히 쉬엇 «Rührt Euch!»

Dwieo toraseo 뒤어 돌아서 »Nach hinten umdrehen»; zusammengesetzt aus *dwieo* 뒤어 «nach hinten» und Imperativ des Verbs *tora-seo hada* 돌 아 서 하 다, «umwenden, umdrehen». Kurzform *tora* 돌아 als Befehlsform von *tora kada* 돌아가다 «zurückkehren». Kommando zum Wenden im Grundschullauf.

Gureong obsi 구령 없이 «Ohne Kommando». *Guryeong* 구령 Kommando (hanja 口令 *kǒulìng*, «mündlicher Befehl»); *obda* 없다 (Verb) fehlen (3. Sprechstufe).

Sabeomnimge daehayeo gyeongye 사봄님게 대하 여 경례 «Den Meister grüßen!». *Sabeom* 사범 Meister (hanja 师范 *shīfàn*); *nim* 님 Höflichkeitssuffix; *ge* 게 Honorativ Dativ («dem Meister»); *daehayeo* 대 하 여 Konverbalform als Imperativ des Verbs *dae-hada* 대 하 다 (hanja 対 *duì*) «gegenüberstehen»; *kyongye* 경 례; hanja 敬礼 *jìnglǐ* «Begrüßung, Gruß, Verbeugung».

GUKGIE DAEHAYEO KYONGYE 국기에 대하여 경례: *Gukgi* 국기 Nationalfahne; hanja 国旗 *guóqí*, «Landesfahne».

E 에 Lokativ- oder Honorativsuffix «gegenüber».

DAEHAYEO 대 하 여, als Verb *daehada* 대 하 다 (Konverbalform) «gegenüberstehen» (hanja 対 *duì*); Konverbalform *daehayeo* «gegenüber, hinsichtlich, betreffend».

GYEONGYE 경 례: Begrüßung, Verbeugung.

GESOK 계속 «Weitermachen!» Imperativform zum Verb *gesok hada* 계속하다 «weitermachen, fortfahren». Aufforderung zum Weiterkämpfen nach Kampfunterbrechung.

GYEONGGO 경고 Verwarnung, hanja 警告 *jǐnggào*, «Verwarnung, Mahnung». *Gyeonggo hada* 경 고 하 다 (Verb) «verwarnen». Früher: halber Punktabzug im Kampf nach leichter Verfehlung.

GALLYEO 갈려 «trennt Euch», «auseinander!», als Verb *galla-seoda* 갈라서다 «sich trennen, auseinandergehen», *gallida*갈리다 Konverbalform.

BARO 바로 Genau, gerade.

## *Kommandos Pumsae-Wettkämpfe*

GIN-HANG-JA 긴항자 Wettkampfkoordinator. Ja 자 (hanja 者 *zhě*) «Person», *gin hada* 긴 하 다 «wichtig, bedeutend sein», hanja 紧 *jǐn*.

Anmerkung: In den Finals von Pumsae-Wettkämpfen werden zwei Pumsae nacheinander gelaufen. Für die Durchführung werden bestimmte Kommandos gegeben. Zeichengebung rot = linke Hand, blau = rechte Hand.

Pumsae 1

Chul jeon 출전 Fläche betreten, wörtl. «Teilnahme am Wettkampf».

Charyeo 차려 Achtungsstellung einnehmen.

Kyongye 경례 Grüßen.

Jumi (junbi) 준비 Vorbereitung.

Sijak 시작 Anfangen (Beginn der Zeitrechnung).

Baro 바로 Genau, gerade (Beginn der Pausenzeit).

Swiyeo 쉬여 Locker stehen, von militär. «Rührt Euch» (s. o.)

Pyo jul 표 줄 Bekanntmachung der Striche. *Pyoda* 표 다 (hanja 表 *biǎo*), (Verb) bekannt machen; *jul* 줄, Strich, Linie; wörtl. «Veröffentlichung der (Abzugs-)Striche.

Pumsae 2

Chul jeon 출전 Betreten der Wettkampffläche (s. o.).

Charyeo 차려 Achtungsstellung einnehmen.

Jumi (junbi) 준비 Vorbereitung.

Sijak 시작 Anfangen (Beginn der Zeitrechnung).

Baro 바로 Genau, gerade (Beginn der Pausenzeit).

Swiyeo 쉬여 Locker stehen, von militär. «Rührt Euch» (s. o.)

Charyeo 차려 Achtungsstellung einnehmen.

Kyongye 경례 Grüßen.

Pyo jul 표 줄 Bekanntmachung der Striche. *Pyoda* 표 다 (hanja 表 *biǎo*), (Verb) bekannt machen; *jul* 줄, Strich, Linie; wörtl. «Veröffentlichung der (Abzugs-)Striche.

Tae jang 태장 Von der Fläche treten. Tae (hanja 跆 *tái*) besteht aus dem sinngebenden Element «Fuß» 足 *zú* und dem lautgebenden Element «*tái*» 台. *Tái* ist eine Abkürzung eines anderen Zeichens, 臺 *tái*, welches eine Erhöhung, ein Podest zeigt, von dem aus Vögel ihren Abflug starten. Es bedeutet daher «anheben». *Tái* oder *tae* bedeutet daher «den Fuß anheben», steht also für festes Auftreten. Jang 장 «Fläche» (hanja 场 *chǎng*).

# 3 Die acht Taegeuk-Formen in Worten

Im Folgenden werden die Techniken der Taegeuk-Formen in Worten dargestellt. Die Querbahnen werden fett und kursiv gedruckt, die Bahnen vor und zurück in normaler Schrift und mit Pfeil markiert, die Schritte der Vorwärtsbahn mit Pfeil nach unten, die der Rückbahn mit Pfeil nach oben.

Merke: Es werden mitunter auf ein Kommando zwei oder mehrere Techniken in Kombination ausgeführt. Techniken, die als Kombination auszuführen sind ohne Zwischenschritt, werden generell mit «und» *go* verbunden. Um komplizierte Wortgebilde zu vermeiden, wird bei den Techniken die Endsilbe «*gi*» ausgelassen, dafür direkt «*go*» angefügt.

Beispiele: Apchagi und Fauststoß zum Körper als Kombination: Apcha-go momtong jireugi.

Untere Abwehr Arae makgi und mittlere Abwehr nach innen Momtong an makgi als Kombination: Arae makgo momtong an makgi.

***Arae makgi momtong (bandae) jireugi (apseogi) (l/r)***

(Apgubi seogi) Arae makgo momtong baro jireugi ↓

***(Apseogi) Momtong anmakgi, momtong baro jireugi (r/l)***

(Apgubi seogi) Araemakgo momtong baro jireugi ↓

***(Apseogi) eolgul makgi,***
***Apchago momtong (bandae) jireugi (l/r)***

(Agubi) Arae makgi ↑
(Apgubi) Momtong baro jiireugi ↑

***(Apseogi) Arae makgi,***
***(Apgubi seogi) momtong (bandae) jireugi***

(Apseogi) Momtong anmakgi (2x) ↓

***(Apseogi) Arae makgi, Apchago eolgul jireugi (l/r)***
↓
(Apseogi) eolgul makgi (2x) ↓

***(Apseogi) Momtong anmakgi (2x)***

(Apseogi) Arae makgi ↑
(Apseogi) Apchago momtong (bandae) jireugi ↑
(Apseogi) Apchago momtong (bandae) jireugi ↑
(Apseogi) Apchago momtong (bandae) jireugi ↑

***(Apseogi) Arae makgi,***
***apchago momtong dubeon jireugi (Apgubi seogi)***

(Apseogi) Jebipum sonnal mok chigi (2x) ↓

***(Dwitgubi seogi) Hansonnal momtong makgo momtong baro jireugi (Apgubi seogi) (l/r)***

↓

(Apseogi) Momtong anmakgi (2x) ↓

***(Apseogi) Arae makgi,***
***Apchago momtong dubeon jireugi (l/r)***

(Apseogi) Araemakgo momtong baro jireugi ↑
(Apseogi) Araemakgo momtong baro jireugi ↑
(Apseogi) Apchago arae makgo momtong baro jireugi ↑
(Apseogi) Apchago arae makgo momtong baro jireugi ↑

***Sonnal momtong makgi, pyeonsonggeut sewo jjireugi (l/r)***

(Apgubi seogi) Jebipum mok chigi ↓
(Apgubi seogi) Apchago momtong baro jireugi ↓
(Apseogi) Yeopchago yeopchago sonnal momtong makgi
(Dwitgubi seogi) ↓

***(Dwitgubi) bakkatpalmok momtong yeonmakgi, apchago momtong anmakgi (l/r)***

(Apgubi seogi) Jebipum sonnal mok chigi ↑
(Apgubi seogi) Apchago deungjumeok eolgul ap(e)chigi ↑

***(Apseogi) momtong anmakgo momtong barojireugi (l/r)***

(Apgubi) momtong anmakgo momtong dubeon jireugi (l) ↑
(Apgubi) momtong anmakgo momtong dubeon jireugi (r) ↑

***(Apgubi seogi) Arae makgi,
mejumeok naeryeo chigi (Pyeonhi seogi) (l/r)***

(Apgubi seogi) momtong dubeon jireugi ↓
(Apgubi seogi) Apchago eolgul ap(e)chigo
momtong anmakgi ↓
(Apgubi seogi) Apchago deungjumeok eolgul apechigo
momtong anmakgi ↓
(Apgubi seogi) deungjumeok eolgul ap(e)chigi ↓

***(Dwitgubi seogi) Hansonnal makgi,
(Apgubi seogi) palgup teok chigi (l/r)***

(Apgubi seogi) Araemakgo momtong anmakgi ↑
(Apgubi seogi) Apchago araemakgo momtong anmakgi ↑

***(Apgubi seogi) eolgul makgi,
yeopchago palgup pyeojeok chigi (l/r)***

(Apgubi seogi) Araemakgo momtong anmakgi ↑
(Apgubi seogi) Apchago deungjumeok eolgul ap(e)chigi
(Ggoaseogi) ↑

***(Apseogi) Araemakgi, apchago momtong bakkat palmok yeonmakgi(Abgubi seogi) (l/r)***

(Apgubi seogi) biteureo makgi ↓

***Dollyeo chago eolgul bakkatpalmok bakkat makgo momtong baro jireugi (l/r)***

Arae hechyeo makgi
(Apgubi seogi rechts) biteureo makgi ↓

***Dollyeo chago area makgi;***
***Apchago bakkatpalmok momtong yeonmakgi (r/l)***

(Dwitgubi seogi) Sonnal momtong makgi ↑
(Dwitgubi seogi) Sonnal momtong makgi ↑
(Apgubi) Batangson anmakgo momtong baro jireugi ↑
(Apgubi) Batangson an makgo momtong baro jireugi ↑

***(Beomseogi) Batangson anmakgi,***
***apchago momtong anmakgi (l/r)***

(Dwitgubi seogi) Sonnal arae makgi ↓
(Dwitgubi seogi) Sonnal arae makgi ↓

***(Beomseogi) Dangyeo batangson anmakgo deungjumeok eolgul ap(e)chigi (l/r)***

Bojumeok
(Apgubi seogi) Gawi makgi ↓
(Apgubi seogi) Gawi makgi ↓

***Momtong hechyeo makgi, dangyeo mureup ollyeo chigo, dujumeok jeojeo jireugo (Ggoaseogi) area eotgeoreo makgi (Apgubi seogi) (l/r)***

(Apseogi) deungjumeok eolgul bakkat chigi
Bandal pyojeok chago palgup pyojeok chigi (juchum seogi) ↑
(Apseogi) deungjumeok eolgul bakkat chigi
Bandal pyeojok chago balgup pyojeok chigi (juchum seogi) ↑
(Juchum seogi) Hansonnal makgi ↑
(Juchum seogi) momtong yeop jireugi ↑

(Dwitgubi seogi) Momtong geodeureo makgo momtong baro jireugi ↓
Dubaldangseong apchago momtong anmakgo momtong dubeon jireugi ↓
(Apgubi seogi) momtong bandae jireugi ↓

***Oesanteul makgi, dangyeo teokchigi (l/r)***

(Dwitgubi seogi) Sonnal makgo momtong baro jireugi ↑
Apchago batangson momtong anmakgi ↑

***(Beomseogi) Sonnal momtong makgi, Apchago momtong jireugo batangson anmakgi (Beomseogi) (l/r)***

(Dwitgubi seogi) Arae geodeureo makgi,
apchago dwieo apchago momtong anmakgo
momtong dubeon jireugi (Apgubi seogi) ↑

***(Dwitgubi) Hansonnal makgi, palgup eolgul chigo deung-jumeok eolgul ap(e)chigo momtong bandae jireugi (l/r)***

# Literatur


Choi Hong Hi (1977). *Taekwondo*. Frankfurt/Dreieich: Rhode

*Deutsch-Koreanisches Wörterbuch* (Reihe *Essence*, 1983 und später). Seoul: Minjungsseorim.

*Koreanisch-Deutsches Wörterbuch* (Reihe *Essence*, 1983 und später). Seoul: Minjungseorim.

Gil, Konstantin (1993). *Illustriertes Handbuch des Taekwondo. Koreanische Kampfkunst und Selbstverteidigung*. Niedernhausen: Falken

Kang Ikpil (2015). *The Explanation of Official Taekwondo Poomsae II: Taekwondo Basics*. Seoul: TKDSANGA

Kim Un-Yong (Hrsg.) (1975). *Gukgi Taekwondo (A Natinal Sport Taekwondo)*. Seoul: Shin Jin-Gak

Lee Kyong-Myong (2001). *Korean Traditional Martial Art Taekwondo. Philosophy & Culture*. Hollym International Comp., Seoul

*Lehrbuch Taekwondo*. Kulturabteilung Botschaft der Republik Korea.

Riegel, Andrea-Mercedes (2014). *Taekwondo. Hintergründe und Philosophie einer asiatischen Kampfsportart*. Heidelberg: Kristkeitz.

# Anmerkungen

1 Lee Kyong-Myong (1999): 12.

2 Hanja, chin. 汉字 *hànzì*, jap. 漢字 *kanji*, Schriftzeichen.

3 Zur Namensgebung des Taekwondo vgl. Riegel (2014), Kap. 4.2.2.

4 Zu McCune Reischauer siehe www.loc.gov/catdiv/cpso/romanization/korean.pdf.

5 Siehe auch Riegel (2014), 6.4.

6 Siehe hierzu auch Riegel (2014).

7 Bei dieser Disziplin des verabredeten Kampfes hält sich die alte Bezeichnung Ilbo daeryeon (Ibo, Sambo daeryeon) im Sprachgebrauch hartnäckig.

8 Der Bindestrich wird eingefügt zur besseren Verdeutlichung der Silbentrennung.

9 Zur Bedeutung der Pomsae-Namen siehe auch Riegel (2014).

10 Kang Ikpil schreibt: «as if you give a blow of fist to the side». Vgl. Kang Ikpil (2015): 165.

11 Die Klammern zeigen an, dass dieser Teil des Namens nicht im Standardwerk von Kang Ikpil vorhanden ist, aber korrekterweise genannt werden müsste.

12 Vgl. dagegen Kang Ikpil. Er nennt die Technik «momtong bandae jireugi». Kang Ikpil (2015): 227.

13 Vgl. dagegen Kang Ikpil, er spricht von «anpalmok bakkat makgi». Vgl. Kang Ikpil (2015): 229.

*Im gleichen Verlag:*

*Andrea-Mercedes Riegel*

## Taekwondo

Hintergründe und Philosophie einer asiatischen Kampfsportart

ISBN 978-3-932337-58-1

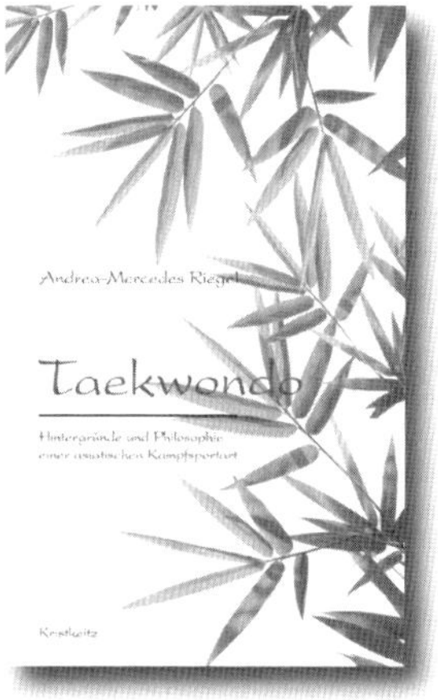


Das moderne Taekwondo ist eine besondere Kampfsportart, die in den Fünfzigerjahren des 20. Jahrhunderts entstand und eine Geschichte voller Widersprüche schreibt. Es ist ein Abkömmling des Shotokan-Karate und gleichzeitig als dessen Widerpart konzipiert. Es ist olympische Disziplin auf der einen und philosophisches Kunstwerk auf der anderen Seite.

Dieses Buch befasst sich mit den Ursachen dieser Widersprüchlichkeit, es legt offen, was sich hinter dem Taekwondo, das wir heute kennen, verbirgt, wie es zu dem wurde, was es ist. Die politischen Motivationen seiner Gründer werden herausgestellt und die philosophischen Aspekte des Taekwondo analysiert. Insbesondere der enge Bezug zum Yijing (I Ging) wird detailliert erläutert.

Gleichzeitig wirft es einen kritischen Blick auf die neueren Entwicklungen im Taekwondosport im Vergleich zu den Intentionen der Väter des Taekwondo. Bewusst wird auf die Darstellung von Bewegungsabläufen und auf jede Auseinandersetzung mit körperlichen Übungsformen verzichtet. Es geht hier um die Vermittlung eines tieferen Verständnisses koreanischen Denkens und dieser Kampfsportart, die unter schwierigen Umständen auf koreanischem Boden entstanden ist.

Die Autorin Andrea-Mercedes Riegel, 7. Dan Taekwondo, promovierte in Sinologie und theoretischer Medizin und betreibt seit 1980 Taekwondo in der WTF.

*Im gleichen Verlag:*

*Wolfgang Schmitt*

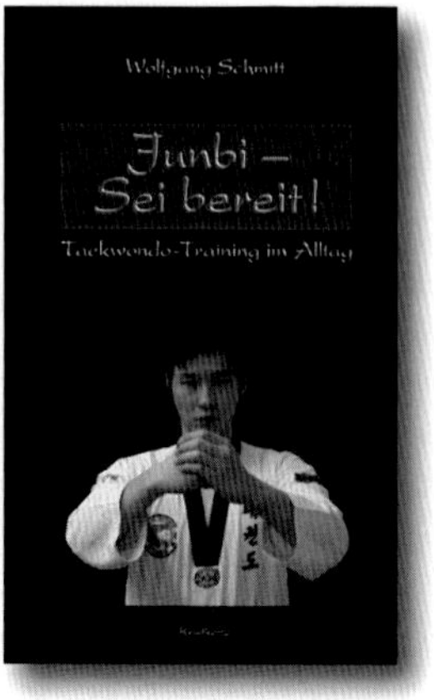


## Junbi – Sei bereit!

Taekwondo-Training im Alltag

mit einem Geleitwort von Park Soo-Nam
ISBN 978-3-932337-57-4

«Junbi!» ist das Kommando, mit dem viele Taekwondoübungen beginnen: Sei es Form, freier oder abgesprochener Kampf – man nimmt die passende Körper- und Geisteshaltung ein, konzentriert sich, macht sich bereit für das Kommende.

Taekwondo ist ein Weg der Auseinandersetzung: einerseits sportlich, kämpferisch, andererseits aber auch über den Sport hinausgehend als kontroverse Beschäftigung mit sich selbst – und damit auch im Umgang mit anderen.

Anregungen und Beobachtungen dazu aus dem alltäglichen Leben finden sich in den Texten von Wolfgang Schmitt. Diese sind in den vergangenen Jahren in der Zeitschrift Taekwondo Aktuell, dem offiziellen Organ der Deutschen Taekwondo Union, erschienen und erfreuen sich seit Langem großer Beliebtheit, gehen sie doch auf Aspekte des Trainings ein, die im Dojang leider oft vernachlässigt werden, aber wesentlich sind für eine ganzheitliche Entwicklung der Persönlichkeit, wie sie die Gründer des Taekwondo im Auge hatten –Aspekte, die letztlich allen Kampfkünsten Ostasiens gemeinsam sind und somit allen ans Herz gelegt werden, die eine dieser Künste ausüben.

*«Junbi!» – Sei bereit!* Setz dich mit dem auseinander, was Taekwondo auch ist – mehr als ein Kampfsport, mehr als eine Kampfkunst.

Werner Kristkeitz Verlag
Löbingsgasse 17 • 69121 Heidelberg • www.kristkeitz.de

*Im gleichen Verlag:*

*Andrea-Mercedes Riegel*

## Tuina-anmo

Chinesische Massage im Wettkampfsport

ISBN 978-3-921508-87-9

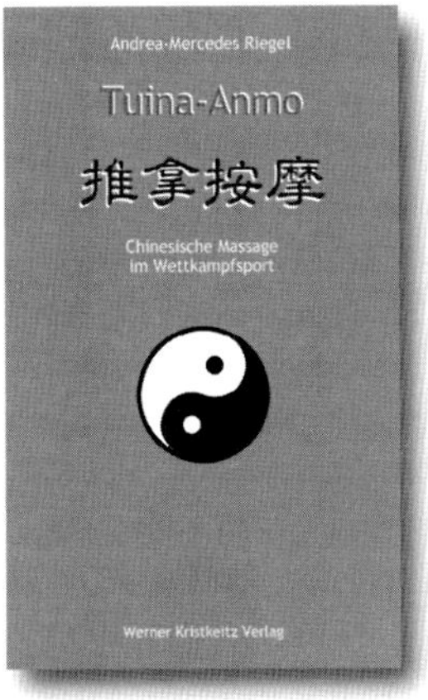


Das Buch *Tuina-Anmo — Chinesische Massage im Wettkampfsport* ist das bisher einzige seiner Art, das chinesische Medizin und Sport miteinander vereint. Es verrät die Geheimnisse chinesischer Ärzte hinsichtlich einer effektiven physischen und psychologischen Betreuung von Wettkampfsportlern, nicht nur aus dem Bereich des Budosports.

Erprobte und bewährte Massagetechniken im Rahmen der Betreuung vor, während und nach Wettkämpfen, Selbstmassage sowie die Therapie von Sportverletzungen werden ausführlich erläutert und mit Illustrationen dargestellt. Daneben werden die ca. 40 für die Massage im sportlichen Bereich wichtigsten Akupunkturpunkte mit Lokalisation, Wirkungsweise und Massagetechnik ebenso beschrieben wie die wichtigsten effektiven Massagetechniken. In einfachen Worten werden dem Anwender die grundlegenden Begriffe der chinesischen Medizin nahe gebracht, deren Verständnis für den wirksamen Einsatz der chinesischen Massage notwendig sind.

Abgerundet wird das Werk durch Tipps für die sinnvolle Ernährung des Wettkampfsportlers aus der Sicht der chinesischen Medizin.

Das Buch stellt damit eine sinnvolle Ergänzung für die Bibliothek des (Budo-)Sportlers dar sowie für Betreuer von Wettkampfsportlern und Massagetherapeuten.

Die Autorin Dr. phil. Dr. rer. medic. Andrea-Mercedes Riegel promovierte in Sinologie und theoretischer Medizin. Sie arbeitet im Raum Mannheim-Heidelberg als Heilpraktikerin und Therapeutin sowie als Ausbilderin für chinesische Medizin.

*Im gleichen Verlag:*

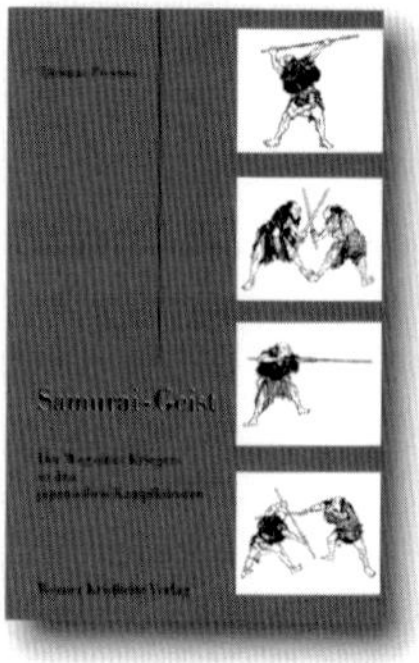

*Thomas Preston*
Samurai-Geist
Der Weg eines Kriegers
in den japanischen Kampfkünsten
ISBN 978-3-921508-76-3

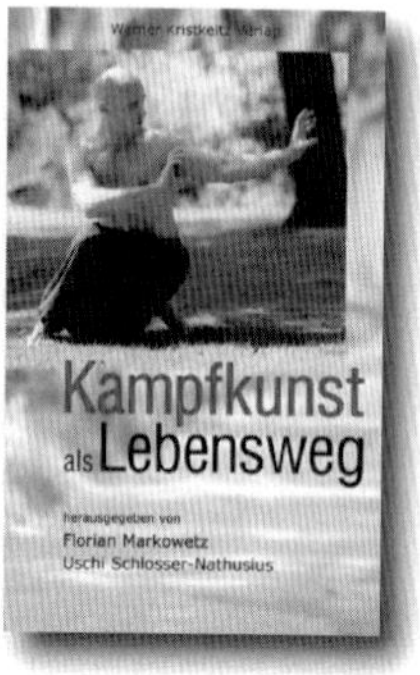


*Schlosser-Nathusius/Markowetz (Hg.)*
Kampfkunst als Lebensweg
ISBN 978-3-932337-14-7

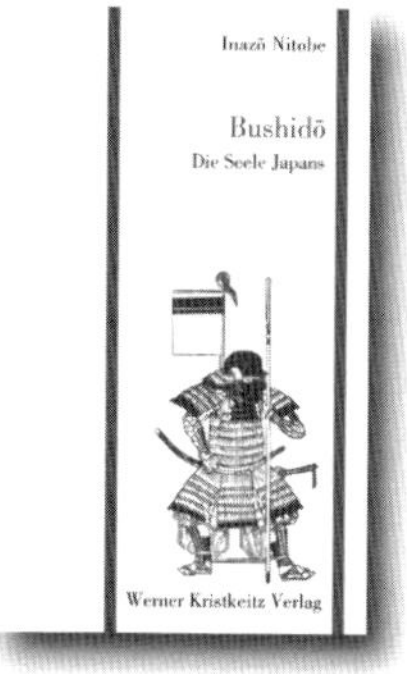


*Inazo Nitobe*
Bushido – Die Seele Japans
ISBN 978-3-921508-82-4

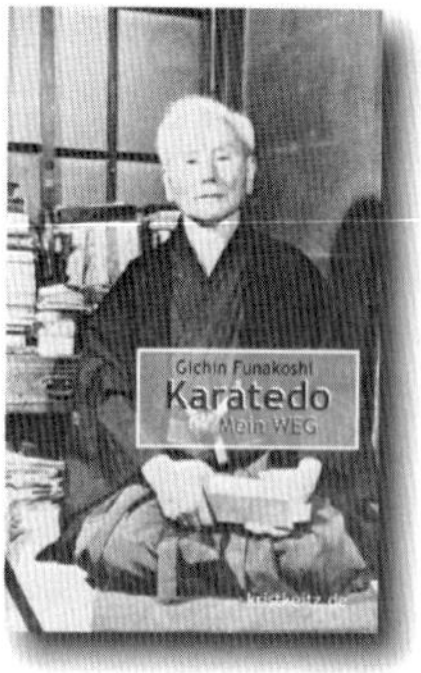


*Gichin Funakoshi*
Karatedo — Mein WEG
ISBN 978-3-948378-16-5

Werner Kristkeitz Verlag
Löbingsgasse 17 • 69121 Heidelberg • www.kristkeitz.de